研究シリーズ　No.9

# ネパールとブータンにおける仏教とソーシャルワーク

## 仏教ソーシャルワークの探求

監修
郷堀 ヨゼフ

編著
郷堀 ヨゼフ
佐藤　成道

アチャリヤ・ラマ・カルマ・サンボ
チェリン・ドルジ
ヤンドン
デチェン・ドマ

淑徳大学アジア国際社会福祉研究所
ARIISW（Asian Research Institute for International Social Work）

学文社
2024

# 刊行に寄せて

アジア国際社会福祉研究所最高顧問

長谷川　匡俊

　ベトナム国立社会人文科学大学（ハノイ校）との共同研究に始まる，この間の東南アジアを中心とした国々との学術交流を通して，当方にもたらされる各国の調査報告の情報は大づかみで，かつ限定的なものではありますが，次のような印象を強く受けています。

　それは，今，現に仏教がより多くの国民の生活とコミュニティーの深部に息づいているとの感触であり，その中核的な役割を寺院や僧侶が担っているのです。別の言い方をすれば，仏教が，人びとの世界観，生命観，人間観，死生観，そして価値や倫理等に至るまで根底的に規定しているということでしょう。では，その仏教とは何ものかが問われねばなりませんが，それはひとまず措くとします。

　もしもこのような私の受けとめ方にそれほど大きな誤りがないとすれば，それに比して日本の場合はどうでしょうか。ここで私は，家庭と地域の環境にまつわる，興味深い例を取り上げてみようと思います。まず家庭です。かつて（第二次世界大戦前まで）我が国では，「家に三声ありて，その家栄ゆ」という言葉が一定の意味をもっていました。一つに老人が唱える読経の声，二つに母親が台所で炊事をしながら子どもをあやしたり叱ったりする声，三つに児童の朗読（音読）の声であり，この三声が聞こえてくる家は栄えるとされていたのです。ところがどうでしょうか，今やいずれも少数派になってしまいました。理由は省きますが，宗教的環境といったところでは，読経の声が聞こえなくなり，仏壇や神棚を中心とした家庭生活は，すでに成り立たなくなってきています。

　つぎに，地域社会の環境について考えてみましょう。これは私の造語ですが，先の「家に三声あり」になぞらえて，「地に三声あり」と言おうと思います。

一つは祭礼行事の際の鐘や太鼓，経文，祝詞の声，二つには共同作業における労働の歌声（その典型が民謡），三つには自治的な異年齢集団から構成される子ども組の遊びの声です。これらの三声も，高度経済成長期以降の村共同体の解体によって，多くは過去のものとなってしまいました。かつて，共同体の精神的な紐帯を成し，郷土における伝統や文化を守り続けてきた寺社の役割も変化してきています。

　このようにみてくると，生命観，人間観（対象者観），社会観，ケア観，方法論等を含む「仏教ソーシャルワーク」の理念型は別として，同じアジア圏にあっても，人びとの生活に仏教（寺院・僧侶を含む）がどれだけ浸透しているのか，その程度やありようが，各国の「仏教ソーシャルワーク」の質や性格を規定するのかもしれません。たとえば，「ソーシャルワーク」と宗教活動との関係，宗教的な目覚めや救いと「ソーシャルワーク」の関係，「ソーシャルワーク」における公私のすみ分けと人々の受け止め方，「公的ソーシャルワーク」と「仏教ソーシャルワーク」の関係（オーバーラップしている要素を含めて）なども問われてくるのではないでしょうか。

　さて，淑徳大学では，平成27年度から5カ年にわたる「アジアのソーシャルワークにおける仏教の可能性に関する総合的研究」が，私立大学戦略的研究基盤形成支援事業に採択されました。これにより従来の国際共同研究の枠を広げ，活発な調査研究と学術交流を展開しております。本書の内容はその貴重な成果の一つです。アジア国際社会福祉研究所の秋元樹所長をはじめ研究スタッフ一同のご尽力，そして本研究と執筆にご協力いただいた各国研究者の皆様とすべての関係者に深く敬意と感謝の意を表する次第です。

　本書は日本語版で，国内の仏教およびソーシャルワークの研究者向けではありますが，別に英語版も刊行されていますので，併せてより多くの皆様にご活用いただければ幸いです。願わくは，仏教をベースとしたアジア型「ソーシャルワーク」の構築に向けて。

合掌

# はしがき

　ネパールにあるルンビニに初めて足を運んだのは 2014 年のことである。その時，『ルンビニからの産声』と称して，淑徳大学元教授の田宮仁氏は，釈尊の誕生の地であるルンビニの象徴的意味を活かして福祉に関連する仏教の思想を再考することを提案した。仏教ソーシャルワークの旅の始まりでもあるといえよう。淑徳大学アジア国際社会福祉研究所名誉所長の秋元樹氏により提唱された「仏教ソーシャルワーク」は，その翌年から国際共同研究の中心的な課題となり，5 年にわたってアジア各地域の研究者や実践者と共に歩んできた。仏教ソーシャルワークを探求するこの旅は，モンゴル，ベトナム，ラオス，タイ，スリランカ，東アジア，ミャンマー，カンボジアなどを経て，研究叢書としてネパールに戻ってきた。

　ルンビニはネパール南部に位置しており，ネパールの仏教徒のほとんどが居住するヒマラヤ山脈の北部とは反対側にある。ネパール国内では，仏教徒が総人口の 1 割に留まっており，ルンビニ周辺も含め，ほとんどのネパールの人々がヒンドゥー教徒である。仏教寺院や仏教徒による活動に着目しながら仏教が主要な宗教として位置付けられる国を対象とした本研究にネパールが含まれていることについて疑問に思われるかもしれない。しかし，ネパールが仏教ソーシャルワークの旅の出発点であり，そして，その象徴でもある。さらに，本書のネパールの執筆者であるアチャリヤ・ラマ・カルマ・サンボ師は，当叢書の 0 号に当たる最初の一冊で，仏教ソーシャルワークの特徴をまとめており，仏教ソーシャルワークの概念化に大きく貢献した一人でもある。したがって，ネパールは，このシリーズにも出現する。

　この本は，ネパールだけを取り上げたものではない。同じヒマラヤの麓の地域に位置するブータンも，第 2 部で紹介されている。ブータンのパロ国際空港に着陸した時のことは一生忘れない。雲と山に囲まれたままで飛行機が下降し，下の景色など何も見えなかった。突然，深い谷や山川に沿った道と牧草地

が現れて，しばらくしたらパル空港に着いた。雲や高い山に囲まれたブータンは，長年にわたって独自の生活文化を守ってきた。そして，仏教の教えはその重要な一部である。ブータンの仏教寺院は，今もなお地域の重要な構成要素であり，生活の場でも，交流の場でもある。さらに，仏教の教えと実践は，今も，ブータンの人々の日常生活に深く根付いており，国全体の社会と政治の土俵を形づくっている。デチェン・ドマ氏の率いるブータンの執筆者は，母国の多くの特徴について紹介しているが，これは始まりに過ぎないように思う。なぜなら，仏教ソーシャルワークに関していえば，ブータンの日常，ブータンの生活文化から学ぶことがもっとたくさんあるように思うからである。

　この研究叢書では，これまで大乗仏教と上座部仏教の両方について取り上げてきた。ところが，ヒマラヤの麓の仏教は，密教として位置付けられるヴァジュラヤーナ（金剛乗）の教えが主流である。この地域を特徴づける一要因であるため，ネパールとブータンを合わせて一冊で紹介することにした。ダライラマ法王のこともあり，近年，チベット仏教に関心を寄せる人が多く，ヴァジュラヤーナ仏教そのものに関する書籍もよく見かける。ところが，ネパールとブータンの寺院による諸活動となると，書籍も先行研究も著しく減る。さらに，仏教とソーシャルワークの話になると，この本はまさに草分け的な取り組みのひとつである。そのために充分に取り上げきれていない側面がありつつも，対象地域における仏教ソーシャルワークの大枠をしっかりと示す内容である。

　この本は，ネパールとブータンのそれぞれの国に焦点を当てて，2部に分かれている。対象国の社会，歴史，文化などの簡単な紹介を経て，執筆者は，仏教と社会福祉制度の概要について確認した上で，仏教ソーシャルワークの実践とこれらの基盤を成す思想について詳細に述べている。

　地名や人名をはじめ仏教用語も含めて，対象国の表記と用語を軸に，現地の言語とその解釈を念頭に置きながら，日本語で展開されている。それらの固有名詞や仏教の専門用語の英語表記には，同一の用語でも，執筆者により，あるいは同一の執筆者であっても，一部異なる場合もある。そのため複数の表記

が混在し，日本語の表記や日本仏教と異なる用語が使用されている場合は，注釈などを用いて解説を加えている箇所もあるが，執筆者の「現地」の視点が最優先されていることをご了承いただきたい。

　アジアの各地域を巡っての仏教ソーシャルワークの旅はネパールから始まり，ヒマラヤの麓でその最終章を迎えようとしている。

2024 年 3 月吉日

郷堀ヨゼフ，佐藤成道

# 目　　次

# 第1部

## ネパール

アチャリヤ・ラマ・カルマ・サンボ

3

# 第1章　ネパールの社会と文化

## 第1節　ネパールの紹介

　ネパールは，北を中国，南をインドに囲まれた美しいヒマラヤの国である。西ベンガル州の狭いシリグリ回廊は，ネパールとバングラデシュを隔て，多民族・多言語の人々の共通の故郷であり，釈迦生誕の地であるルンビニや世界最高峰のエベレストがあることで知られている。

### 1.1　ネパールの地理

　ネパールは，ヒマラヤ山脈のお膝元に位置し，世界最高峰のエベレストを擁する連邦制民主共和国で，7つの州と77の地区，また，カトマンズを中心とする6つの大都市と11の準都市で構成され，276の地方自治体と460の農村自治区[1] がある。

　ネパールは，大ヒマラヤ山脈の麓に位置する内陸国で，北緯26度20分〜30度10分，東経80度15分〜88度19分に広がっており，147,516㎢の面積を占めている。また，ヒマラヤ山脈を中心に，東西約880km，南北に150〜250kmの国土を有している。

　ネパールは地理的に，ヒマラヤ，ヒリー，テライの3つの地域に分けられる。ヒマラヤ山脈は雪をかぶった高い山々からなり，ネパールや東南アジア諸国の淡水源となっている。国土の中央部に位置する丘陵地帯（ヒリー）は，穏やかな気候で，テライ地域は，この国の穀倉地帯の平野部である。

　ヒマラヤ山脈は，国土の15%を占め，国の北側の標高3,000メートルから8,850メートルの間に位置している。この地域は，ほぼ一年中雪に覆われ，世界最高峰のエベレスト（8,850m）をはじめ，7,000mを超える山が90座以上もある。そして，南部は，シェルパ族の集落を中心に，人口が少なくない地域である。

---

1)　出典：Wikipedia(https://en.wikipedia.org/wiki/Nepal 2022.12.15)

　大ヒマラヤ山脈の南斜面は，丘陵，谷，小高原が広がっているヒリー地域である。標高 1,000m から 3,000m の間に，東西に伸びるこの地域は，国土の68%を占めている。カトマンズやポカラなどの渓谷は人口が多く，丘陵地帯はパハディ族が多く住み，人口が少ない地域である。

　テライ地方はネパールの平野部で，国土の 17% を占め，西の端から東の端まで，国土の南部全域を覆っており，この地域の最低標高は，海抜 70m とされている。亜熱帯気候に恵まれたこの土地は非常に肥沃で，国民の食卓を支える穀物の多くを生産している。さらに，この土地は人口が多く，民族も混在している地域である。

## 1.2　ネパールの歴史

　いくつかの記録によると，ゴパラ族はカトマンズ渓谷の最初の支配者であり，その後，マヒシャパラ族によって引き継がれたと考えられている。ゴパラヴァンサ年代記によると，キラタ族は，千年以上にわたって（紀元前 800 年～紀元 300 年）に，合計 29 人の王によってカトマンズ渓谷を支配していた。彼らの初代王ヤランバルは，叙事詩『マハーバーラタ』にも登場し，ネパールの勇敢な戦士であるとキラタ族が言及している。

　リチャビ族はインド北部から渓谷に入り，キランティス朝を倒して支配を開始した。チャング・ナラヤン寺院の碑文によると，7 世紀初頭に，タクリ族の初代王アムシュヴェルマは，妻がリチャビ王の一人娘であったため，義父から王位を譲り受けたとされている。アムシュヴェルマは，娘のブリクティを著名なチベット王ツォン・ツェン・ガンポに嫁がせ，チベットと良好な関係を築いた。そして，リチャビ族は，この渓谷に芸術と建築をもたらしている。

　アリ・マッラは，リチャビ族を征服し，12 世紀にネパールでマッラ朝を建国した。マッラ族は，550 年にもわたる統治の間に，絵に描いたような美しい広場のある多くの荘厳な寺院や宮殿を建設した。ネパールの社会や都市では，宗教的な祭りが組織化され，文学，音楽，芸術が発展したのもこの時期である。ヤクシャ・マッラの死後，渓谷は，3 つの王国に分かれていた。カトマンズ（カ

ンティプール），バクタプール（バドガオン），パタン（ラリトプール）の 3 つの王国に分割されたが，現在のネパール領土は，その時までに約 46 の独立公国に分割されていた。

　野心的なゴルカ王プリトヴィ・ナラヤン・シャーは，1769 年までに渓谷のすべての王国を破って，カトマンズに首都を移し，多くの公国を現在のネパールに統一したシャー王朝を築いた。この王朝は，1769 年から 2008 年まで統一されたネパールとして統治していた。

　1846 年にネパールの初代首相となったジャンガ・バハドゥル・ラナは，シャー族の王を形骸化させるほどの絶対的な権力を振るった。彼は，104 年間続いたラナ家の世襲統治を開始した。しかし，1950 年代初頭，当時のネパール国王トリブバンの支援による民主化運動が，ラナの独裁政権を打倒した。

　ラナ政権が廃止された後，トリブバン国王が国家元首として復権を果たした。その後，マヘンドラ国王が新憲法を発布し，初の民主的な国民議会選挙が行われた。選挙によって，ネパール会議派が勝利し，党首のビシュエシュワル・プラサード・コイララが政府を樹立して首相に就任した。しかし，マヘンドラ国王は 1960 年代に議会を解散し，政党を禁止して，独裁的なパンチャヤト制を開始した。

　長年にわたる闘争の末，1990 年の人民運動によって，ビレンドラ国王の治世下のネパールに民主主義が確立された。そして，新憲法では，国王を国家元首および行政の首相とする複数政党による議会が確立された。

　1996 年 2 月，毛沢東派は，王政と選挙で選ばれた政府に対して人民戦争を宣言した。その一方，ビレンドラ国王とアイシュワリヤー王妃を含む王族全員が虐殺される事件が発生した。唯一生き残った王族であるギャネンドラが国王に即位した。国王は選挙で選ばれた国会を解散させ，絶対的な権力を行使した。2006 年には，別の共同人民運動によって，議会を復活させ，憲法制定の議会選挙を実施した。2008 年 5 月 28 日，新たに選出された制憲議会が，ネパールを連邦民主共和国と宣言し，240 年続いた王政を廃止した。

## 1.3　ネパールの社会と文化

　ネパールは，とても豊かな独自の文化を持っている。多次元の文化遺産は，ネパールの民族，部族，社会集団の多様性を包摂している。ネパールのさまざまな社会とその文化の形成には，地理が重要な役割を果たしている。

　ネパールのヒマラヤ社会は，チベット文化の影響を強く受けている。ヒマラヤの人々は，チベット・モンゴロイドのグループに属し，チベット・ビルマ語を話す。彼らはチベット仏教，ボン教，シャーマニズムを実践している。山岳地帯の主な民族は，ロパ族，ロミス族，ラングタンゲ族，シェルパ族，シャール族，ヨルモワ族，ネシャンワ族，ニンバ族，ナルワ族，ムガリ族，ギャスムドワ族，ドルポワ族である。ヤルトゥン祭，ロサル祭，マニ・リムドゥ祭，ドゥムジェ祭は，山の祭りのである。この地域では，ソロレート婚，レビレト婚，駆け落ち，一夫一婦，一妻多夫などの婚姻制度が行われている。彼らは，肌寒い気候に適応するために，厚手のウールのバクーやドチャを着用している。

　ネパールの丘陵地帯には，ヒンズー教徒，仏教徒，自然崇拝者が混在する文化や社会が息づいている。ライ，リンブ，スヌワール，ジレル，スレル，タミ，ダヌワール，タマン，ネワール，チェパン，バンカリア，クスンダ，グルング，デュラ，ガイン，タカリ，マガール，ラウテ，バディ，ピース，カミ，サルキ，チェトリ，タクリ，バラモンがこの地域で平和と調和の中で暮らしている。彼らは，インド・アーリア系とチベット・ビルマ系の言語を話す。ダサイン祭，ティハール祭，ローサー祭などは，丘陵地帯で行われる彼らの重要な祭りである。女性の服装は，サリー（インド・ネパールの女性の民族衣装），ブラウス，パトゥカ（ベルト），男性の服装は，ダウラ（シャツ），スルワル（ズボン），カチャド（下着または腰に巻く長い布），バングラ（グルン族の男性が着る民族衣装）が一般的である。

　タライ地方の人口は，タルー族，マデシ族，ディマール族，サタル族，ムスリム，ジャンガド族，ムサハル族，ラジバンシー族，山岳移民など，さまざまなカーストや民族から構成されている。この地域の人々は，ダサイン祭，ティハール祭，ホーリー祭，イド祭，バクリッド祭，マギー祭などの祭りを盛大に

祝っている。彼らは，インド・アーリア系の言語を話す。男性の服装はダウラ
スルワル（シャツ・パンツ），ピジャマ（紐で絞ったパンツ）などで，女性は，サリ・
チョロ（数メートルの布でできたドレスとブラウス），クルタ・スルワール（長い
シャツとパンツ）などである。

## 1.4　ネパールの政治体制

　2008 年 5 月 28 日に立憲君主制が廃止され，ネパールは連邦民主共和制国と
して政治的に再編された。2015 年の憲法で，ネパールは，上院と下院の二院
制議会を正式に採用した。ネパール共和国の国家元首は，議会によって選出さ
れた大統領であり，儀礼的な権限のみを行使する。

　首相はネパールの政府の最高責任者で，大臣や閣僚を任命する。議会の過半
数を占める政党の党首が，大統領によって首相に任命される。

　ネパールには，現在，二院制の議会がある。下院の議員は 275 名で，小選挙
区制では 165 名の議員が，比例代表制では 110 名の議員が選出されている。上
院は，59 名の議員で構成され，各州議会の議員で構成される選挙人が 56 名選
出され，3 名は大統領によって指名される。

　最高裁判所は，ネパールの最上級の裁判所であり，最高司法機関である。最
終的な上訴と審査の裁判所として機能する。最高裁判所は，原審管轄権を有し，
ネパール国内の 16 の高等裁判所と 75 の地方裁判所を主宰，指揮，管理している。

## 1.5　仏教ソーシャルワークとこれを理解する前提としてのネパール社会の理解

　ネパールは，釈迦生誕の地である。彼は 2500 年以上前，現在のルンビニで
生まれた。この地域には古くから仏教があり，ネパール全国にある大変多くの
考古学的遺跡と関連があり，地域全体での多様で活気ある仏教コミュニティの
活動を通して継承されてきた。

　釈迦牟尼仏は，紀元前 7 世紀[2]に現在のルンビニに生まれた。彼は悟りを開

---

2）　ネパールにおける仏教の誕生：「ユネスコの世界遺産の一つであるルンビニの釈迦牟尼仏の生誕の
　　地は，平和の安住地であり，世界中の仏教信者や平和愛好家にとって究極の巡礼地となっている。

いた後，父親に会うためにネパールに戻ってきた。その時，父親に「私は僧侶であるから宮中にはいることはできず，僧院にいる必要がある」と話したという。このような願いを尊重して，釈迦の父は，ネパールで最初の仏教僧院であるニグロダルマ[3] を建立した。この頃から，仏教は，ネパールのテライ地方（ネパールの南部地域）に広まった。

　ネパールの仏教の歴史は，釈迦の生涯にとどまるものではない。紀元前249年，ネパールを訪れたアショーカ王は，ゴティハワとニグリハワに石柱を建立したが，これらは，釈迦以前の仏であるクラクチャンダ仏（拘留孫仏）やカナカムニ仏（拘那含牟尼仏）の生誕の地であることをそれぞれ示したものである[4]。

　アショーカ王がカトマンズを訪れ，ゴティハワとニグリハワを特定した後，カトマンズ渓谷は，この地域で仏教の中心地となった。そこから，ネパール全土に広がっていったのである。

　その後，7世紀にツォン・ツェン・ガンポ王の統治下に，仏教がチベットに

---

釈迦牟尼仏は，紀元前623年に生まれ，平和と慈悲の普遍的なメッセージを説いたことから，仏教を信仰する人々にとって最も神聖な場所の一つと見なされている。仏教巡礼者や平和愛好者，そして世界中からの一般の訪問者は，釈迦に対して敬意を払い，釈迦や仏教，平和に関する神聖さや聖地をよく観ながら訪れている」（出典：www.lumbinidevelopmenttrust.org.np 2022.12.15）

3）「クダン：ニグロダルマの古代遺跡のこと。クダンにある仏塔群は，釈迦の悟りから7年後，彼の父親であるスッドーダナ王との面会など，ここで起こった釈迦の生涯における瞬間を称えている。」
　「現在，クダンとして知られているニグロダルマの古代遺跡は，ブッダの物語のもう一つの重要な歴史的遺産である。そこは，ティラウラコットの町にある釈迦の生家から約6km（3.5マイル）のところにある。クダンは，釈迦が悟りを開いたのち，父親であるスッドーダナ王と最初に面会した場所として信じられている。8歳で，この地で叙階された息子のラーフラを含め，釈迦の使命を歓迎した家族の一員として，釈迦のメッセージを広める重要な場所となった。
　あなたが，現在ここを訪れて釈迦の足跡をたどると，印象的な仏塔群を目にするであろう。それらは，ラーフラが叙階されたり釈迦とスッドーダナ王と面会したりしたことを含めて，ここで起こった重要な出来事を記念して建立されたと信じられている。また，そのような面会のために釈迦が到着するよりも先に，池がつくられたと考えられている。」（出典：www.lumbinidevelopmenttrust.org.np 2022.12.15）

4）「ここは，クラクチャンダ仏が生まれ，悟りを開いた場所とされるゴティハワである。近くには，カナカムニ仏（拘那含牟尼仏）の生誕の地とされるニグリハワがある。遺跡では，さらなる発掘調査が予定されているが，両遺跡とも紀元前249年にアショーカ王によって建立された石柱を見ることができる。」（出典：www.lumbinidevelopmenttrust.org.np 2022.12.15）

広まると，ネパールのヒマラヤ地方にも広まった。特にパドマ・サンバヴァ（グル・リンポチェとして知られる），ティソン・デツェン王，シャンタラクシタの時代に広く普及した。仏の教えがチベット語に翻訳され，この地に広く普及したのもこの頃である。

## 1.6　僧院教育とその現状

　ネパールの伝統的な教育を見てみると，知識は世代から世代へと伝えられてきた。このような教育の例は，いくつか見出すことができる。そのひとつは僧院教育であり，もうひとつはサンスクリット語の教育である。とりわけ仏教では，独自の伝統を持つ僧院教育がある。ビハーラ[①]（僧院）では，僧院の資源を使うことで学生を教育している。

　ネパールには，フォーマルとインフォーマルの２つの教育形態がある。僧院教育は，インフォーマル教育として位置づけられ，ヒンズー教の寺院や教会グループなどで行われている教育と同様の分類である。フォーマル教育とは，政府が運営する教育機関や学校のことである。

　ネパールで開催された世界教育会議のスローガンは，"Education for All（万人のための教育）"であった。ネパールはその協定に署名したが，政府が約束を果たすのは難しかった。それと同時に（会議では），僧院教育をいかにすれば主流にできるのかということも議論された。数回の会議の後，僧院教育が主流の（フォーマルな）教育制度に統合されるべきであることが合意された。

　僧院教育をいかにして主流の教育制度に統合していくかは，非常に難しい課題であった。多くの議論といくつかの試みの後，僧院教育センターと関連機関は，カリキュラムとプログラムを記録し，教育省に登録する必要があることが決定された。このプロセスはまだ完了していないが，現在，いくつかの僧院教

---

[①]　編者註釈：音訳としては「ヴィハーラ」で，サンスクリット語では「精舎・僧院・寺院」「やすらぎ，安息の場所」などの意味がある。現在の日本では，1985 年に田宮仁氏が末期医療での「仏教を背景としたターミナルケア施設」の呼称として「ビハーラ」と提唱したことを嚆矢として，病院，高齢者福祉施設，仏教関連団体，学会，バス停，その他諸施設・店舗で「ビハーラ」と称することが一般的といえる状況であるため，本書では，「ビハーラ」と表記することとする。

育センターがこのプロセスを経て，ネパール政府にフォーマルな教育機関として登録されている。

　この取り組みは，教育が誰にとっても重要であり，僧院は教育に重要な場を提供するという前提に基づいている。すべての僧院が高等教育を提供しているわけではないが，僧院は安居する僧侶や尼僧，そして一部の檀信徒のコミュニティに対して初等教育を提供している。

　1971 年に制定された当初の教育規定は，2002 年 4 月 30 日の教育省の事務レベル会議で改正された。 2002 年 5 月 24 日に，僧院がすべての地区で教育機関を登録することができるという通知が配布された。2004 年には，教育省が，ムスタン地方で僧院教育をテーマとした別の会議を開催した。

　2005 年～ 2006 年：政府は宗教教育の予算を計上し，ジャナクプル，バイラワ，チトワン，カトマンズで会議を開き，僧院教育が国の主流の教育制度[5] にどのように取り入れることができるのかに関する議論が進められた。

　2005 年 12 月 23 日：教育省長官は，7 名のメンバーによる委員会を組織し，インフォーマルな教育システムをどのようにすれば主流に取り入れることができるのかを検討した。

　2006 年 11 月 10 日：地方教育長も，ネパールの各地区で宗教教育を主流にするにはどうしたらよいかを検討するため，3 名のメンバーからなる委員会を組織した。

　2006 年～ 2007 年：1,300 万ネパール・ルピー（約 10 万米ドル）が，各地区の宗教教育学校に法律と規則に従って使われよう割り当てられた。マドラサやグルクル，僧院の学校は，政府に承認された後は資金を納める必要がなくなった。

　2006 年 11 月 10 日：宗教施設における個別のカリキュラムの代わりに，新しいカリキュラムが開発されるまでの間，5 年生までは政府が開発した標準カリキュラムに従うことが各施設に通知された。

---

5)　出典：https://en.wikipedia.org/wiki/Buddhism_in_Nepal?fbclid=IwAR18qT69Jw8kPb9UZ9kNOWjt7_m3n2hjAqmfRFMtG2jRRl5hydlHtjj4Qdk#cite_note-:0-5　2022.12.15

## 第2節　ネパールにおける仏教の歴史

　本項は，筆者と仏教学者のテジナート・ダンガル氏とのネパールにおける仏教の歴史に関する対談に基づいたものである。

テジナート・ダンガル (TD)：ネパールにおける仏教の普及については，さまざまな説があります。このような時代考証をインドで行うと，マハトマ・ヴィパシン仏 (毘婆尸仏) がインドのカトマンズ渓谷にやってきたのは，サティヤユガ (最初の「世界時代」) の時代です。当時，カトマンズ渓谷はナグダに形づくられた貯水池がたくさんあり，そのためヴィパシン仏は，ナグダの北西にあるナガルジュナの山に座っていました。超自然的なインスピレーションによって，彼は，チャイトラ・プルニマ[6]の日にナグダに蓮の種を植えました。この後，弟子たちとともに帰国したヴィパシン仏は，種をまいた半年後に花が咲いたとき，蓮の花に光を見ました。ヴィシュワンブ仏と文殊菩薩が，その光を見に来ました。文殊菩薩はナグダへの水を遮断し，ここを住処としました。経典にあるように，『マハーバーラタ』での戦争の終結後，カリ・ユガ[7]が始まりました。そこで，当時の僧侶たちは，スワヤンブーの光をカリ・ユガで守ることができないため，大きなカラヒ (鍋の蓋のようなもの) で覆い，その上に土をかぶせました。また，文殊菩薩は中国に帰国する前に，サンキュウのヴァジュラヨギニー寺院で座って瞑想したという説もあります。この話は，サンキュウ (Sankhu) で出版された『ナマステジャナクプル (Namasthe Shankarpur)』という本に書かれています。文殊菩薩は，ヴァジュラヨギニーの化身と考えられているのです。この本の別の記述によると，文殊菩薩はヴァジュラヨギニーに剣を差し出したそうです。

**アチャリア・カルマ・サンボ (AKS)：釈迦生誕の歴史とネパールの仏教の遺産について説明してください。**

TD：釈迦は紀元前563年にルンビニで生まれ，彼の名前はシッダールタでし

---

6)　聖なる日。ヒンドゥー暦チャイトラ月の満月の日
7)　カリ・ユガは，ヒンズー教の伝統的な4つのユガ(時代)のうち，4番目で最悪の時代のこと

た。王族と家族の両方に献身的だったシッダールタが，厳しい修行を実践して仏陀となることに成功しました。彼は80年の生涯を費やして，偉大な智慧を世に説いたのです。釈迦は，キランティ王朝ジャバルダスティ王の時代にカトマンズ渓谷に来たとされていますが，この事実を確認する資料はありません。釈迦が大解脱（大般涅槃）した後，弟子の阿難がカトマンズ渓谷に来たことが仏教の歴史でわかっています。インドのマガダ国のアショーカ王は，仏教に帰依し，パータリプトラに第3の仏教団体（サンガヤナ）を設立しました。この後，アショーカ王の使者が各地に派遣され，仏教の布教に努めました。アショーカ王は，『マヒャヴァンシ』と呼ばれる仏教書に記されているように，ヒマラヤ地域に仏教を広めるためにマンジムというアチャリヤ（指導者）を派遣しています。マンジムと並ぶ4人の盟友が，それぞれカシャップゴトラ，ドゥンドゥビサラ，サハーデーヴァ，ムラクデヴでした。紀元前2世紀頃，大乗仏教がネパールに広まり，スワヤンブーにストゥーパの礎石が置かれました。この時に建てられたアブハシュは，ニビットコットで見ることができます。紀元249年にルンビニにやってきたアショーカ王は，釈迦がそこで生まれたことを証明するために石柱を建て，"Hid Budhe Jat Shakyamuni " と記しました。その後，彼はいくつかのチャイティヤ（寺院）を創建したと言われています。その後，キランティス王シュトゥンコの時代にカトマンズにやってきて，娘のチャルマティをデクパットのデーヴァパーラに嫁がせたことがゴパラ王朝の系譜に記されています。カトマンズ渓谷にもチャイティヤを建立したと歴史に記されていますが，カトマンズ渓谷に来ていたという証拠はありません。アショーカ王の娘チャルマティが，チャビルにチャルマティ・ビハーラ（僧院）を建立したことは，歴史上よく知られています。仏教がさらに発展・拡大する過程で，僧侶のためのビハーラ（僧院）が数多く建立されました。それらのビハーラのひとつにおいて，グチのマンデヴ王は，誤って父親のダルマデヴを殺してしまった後，ニマにある僧院に滞在し，厳しい懺悔をすることでその罪から解放されました。その懺悔を充足し，チャイティヤ（寺院，祈祷所）を建てると，罪から解放されると言われています。それは，アムシュヴェルマ王の時代のハンディ村

の東にあるカスティチャイティヤと呼ばれるものです。608 年の記録には，パタンにあるヤグワルの東に位置するスリマンビハーラに，6 枚のプラーナと，2 枚のパナ（コイン）が現金で配分されたと記されています。679 年のナレンドラデヴァの記録には，村の境界がスリマンデフビハーラと記されています。これらの記録から，仏教徒にとって大変に重要であることは明らかです。

　ゴパラ王朝で言及されているように，シヴァ神はビハーラを建立して名声を上げ，現在，ボダナートチャイティヤやカスティチャイティヤと呼ばれる大きなチャイティヤを建立したと言われています。シヴァ神は，晩年，アンシュヴァルマに政権を譲って僧侶となり，マハービハーラに住んだという歴史があります。アンシュヴァルマの努力の結果，ブリクティは，チベットのソンツェンガンポ王と結婚し，チベットで仏教が普及するきっかけとなりました。605 年の記録の最初にある仏教のシンボルとして，2 頭の鹿とその真ん中に法輪を描いていて，仏教を崇拝しているようです。ギャンマニ・ネパールでは，リチャヴィ王国のカル王の時代に，ブンガマティ村に仏教のサンガ，ビハーラが形成され，アローキテーシュワラ神の設置により，アンシュヴァルマの時代にハンディガオンの東に仏教の地域としてカトマールが留まっていたと述べています。608 年の記録には，ラジビハーラに供物が配置されていたことが記されています。また，ハンディガオンのアンシュヴァルマは，仏教寺院に供養をしたことが記されています。ゴカルネシュウォル・マハデヴから発見された記録には，仏教のチャイティアを参拝するためのグチ（機構）が継承されていたことが記されています。この中に「ヴァジラヤナ」という言葉が入っているので，当時のネパールでは，密教の伝統はアバシュにあるのです。ファーピンで発見された碑文には，アンシュヴァルマが僧院に水を手配したことが記されています。以上のことから，アンシュヴァルマが，仏教に好意的であったことがわかります。アンシュヴァルマの死から 17 年後，中国の旅行者玄奘がネパールにやってきました。彼は，ここで仏教が繁栄していたことに言及しました。彼はまた，大乗仏教と上座部仏教の双方の僧侶がたくさんいたことにも触れていました。彼は，ドゥルヴァデフ王を仏教を信仰する王としました。ナレンドラ・

デーヴァ王は，シヴァデーヴビハーラへの供物とグチを配置しました。ナレンドラ・デーヴァは，パシュパティ地方にヒティ（小川）をつくり，その維持をシヴァデーヴビハーラのアーリア人比丘のサンガに託し，資源として21の村を与えたと言われています。

## AKS：チベット仏教に対するネパールの貢献はどのようなものでしたか？

TD：アンシュヴァルマ（ゴチャ）の娘シュルティが，チベットのソンツェンガンポ（コンジョ）王と結婚した後，ブリクティがチベットに仏教を伝えたようです。ソンツェンガンポ王は，仏教をさらに発展させるために，アタ・ミ・トンミ・サムチベタナをインドに派遣し，経典を受け取りました。サムチベタナは，インドの学者による書写に加わりました。リーは，チベットに戻った後，写本を発展させました。チベット王メ・アク・チョムの後，ティ・ソン・ドゥーチェンは，13歳でチベットの王となりました。彼は仏教を信仰していましたが，内閣は反仏教のウォン派が占めていました。そのため，王は仏教を発展させて広めることが難しくなりました。宰相のウォン・ダルマヴァラムを殺害した後，ドゥーチェン王はシランガンという男を派遣して，ネパールのウォダ，ガヤ，ナーランダの3ヵ所を巡礼させました。この時，シャーンタラクシタを見つけたのです。彼は，シャーンタラクシタをチベットに連れて行きました。デューチェン王の助言に従って，シャーンタラクシタは仏教を発展させました。しかし，さまざまな障害があったため，彼はネパールに来て，743年から749年まで滞在しました。彼から学んだ多くのチベット人が，ネパールに戻りました。パドマ・サンバヴァ師は，シャーンタラクシタの助言により，仏教の発展のためにチベットに派遣されました。パドマ・サンバヴァ師はチベットに行く前に，ネパールに来たシャーンタラクシタや他のネパールの学者に相談し，その場所の情報を入手したのです。そのため，ネパールには仏教の学者が集まり，仏教の布教の中心地となりました。パドマ・サンバヴァ師は，ネパール出身の2人の女性と結婚しました。チベットに仏教が広まった後，パドマ・サンバヴァ師は，ファーピンにある洞窟で深く瞑想し，サンクのバジェラヨギ

ニ寺院でも多くの時間を瞑想に費やしました。パドマ・サンバヴァ師は，後半生をネパールのヒマラヤ地方で過ごし，瞑想家となりました。

**AKS：ネパールがこの地域における仏教の中心地であることについて，もう少し詳しく教えてください。**

TD：チベットの分裂後の 1054 年頃，ナグリ県の統治者ホンコランデ・ヤシェホ（ジュナナプラバール）が，21 人の学者をインドに留学させたことが契機となって，ネパールが仏教の中心地となりました。インドにムガール帝国の支配が確立されると，多くの仏教徒がネパールやチベットに巡礼に向かいました。カマラシーラのような仏教徒のマハパンディットは，ネパールで仏教の修行をして，チベットに行きました。ネパールが仏教の中心地となりつつあったため，ヴィクラマシーラ僧院のマハパンディト・ディパンカラ・ギャン（アティーシャ）は僧院を離れ，1 年間ネパールへ知識を得るためにやってきました。中国の巡礼者たちがネパールにやってきたのは，ネパールが仏教の中心地となりつつあったからです。ツェン・サイは 4 世紀に，ファヒアン（法顕）は 5 世紀に，そしてウェン・ツァン（玄奘）は 7 世紀にネパールにやってきました。その中で，ウェン・ツァンは，旅行記の中でネパールを詳しく取り上げています。ネパールの仏教史を振り返ると，『ナマステ・シャンカラプール』の書籍に，大乗仏教はサンキュウのガ・ビハーラで始まったと書かれています。7 世紀のサンキュウの碑文には，ダルマラージカ・アマティヤという人物が，大衆部のサンガに家やビハーラダン，その他の物を寄贈したことが記されています。

　今から 1000 年前，サンキュウのガ・ビハーラの仏教学者アモーガヴァジュラ・ヴァジュラ―チャールヤは，ヴァジュラヤーナ（金剛乗）の教義を説くために，日本に行きました。アモーガヴァジュラが多くの仏教教義を翻訳して仏教経典を継承していたことは，中国の歴史から明らかです。リチャヴィ朝時代のインドでは，サンキュウのビハーラは王朝から経費を得ていたと理解されています。サンキュウには多くの密教のシッダーヨギがおり，チャチャシッディ，ジョグデフ，ラリトバジ，リラバジ，アモグバジなどが知られていました。12

世紀ごろのチベット仏教の歴史には，マルパという仏教学者が登場します。チャールズ・イェール卿は，マルパとその友人の一人がネパールにやってきて，そこでネワール族とともに3年間滞在し，仏教のタントラの知識を学んだと書いています。ネパールの後で，マルパは知識を得るためにナーランダ大学に行ったとされています。マルパは，ナロパから2回の指導を受けた後，ネパールを経由してチベットに向かいました。ネパールの仏教の発展には，もう一人重要な人物が登場します。彼の名は，ミラレパです。チベット南部のケルンの少し先のハウテン州の生まれです。ミラレパは，ネパールのバドガオンにあるパンゴ洞窟で懺悔したとされています。チベットに仏教を定着させ，発展させるために，シャンタラクシタやパドマサンバヴァのような偉大なアチャリヤ（学者）がチベットに行って勉強や研究をして，ネパールからチベットの情報を得たことで，ネパールはチベット仏教への入り口とも言えるのです。

**AKS：カトマンズやネパールの北ヒマラヤ地域以外に，仏教はどのように広がっていったのでしょうか？**

TD：仏教は，カトマンズやネパールのヒマラヤ山脈北部に限定されるものではありませんでした。この宗教は，ネパールのカルナリ地方に広く普及していました。カルナリは，カス州と呼ばれていました。古代の資料では，カサス族はヤクシャ族と呼ばれていました。また，ヒマラヤの言葉ではヤッチェと呼ばれていました。チベットの資料では，カサス族はヤチェパギョと呼ばれ，カサ王国はヤチェまたはギャルサと呼ばれていました。王は，カス州の人々のことを気にかけていませんでした。ナーガラージャ王は，カス王国の創始者です。その後，彼はチベットのカリ地方にやってきました。チベットの系譜では，ナーガラージャは，ナガデヴァ，ジャヴェシュヴァラと呼ばれています。カルナリのシンジャを首都とし，国を治めていました。11世紀，ヴィクラムシェル・ビハーラで教鞭をとっていたアティーシャ（ディパンカラ・スリギャン）がンガリ地区に招かれ，そこから仏教がさらに広まったとされています。チベットの系譜やドゥル地区の記念柱によると，ナガラジャ（ルイ・ギャルポ）の後，チャッ

プ，チャピラ，クラシ・チャラ，クラディ・チャラが国を治めていたとのこと
です。次の支配者であるクラチャラは，仏教徒でした。仏教徒として，彼は仏
教に帰依していました。アショーカ・チャラは，クラチャラの後，カサ王国の
王となりました。彼は学者を高く評価し，宮中には学者たちが集まっていまし
た。あらゆる宗教を受け入れながらも，彼は彼自身だったのです。アショーカ・
チャラは，スルケートで有名なカンクレビハーラを，カルナリ地方に仏教のビ
ハーラを建立しました。アショーカ・チャラの後，息子のジタリ・マッラが王
となりました。彼もまた，仏教徒でした。彼は，カトマンズの攻撃時にスワヤ
ンブーを訪問しました。ウパ・ジタリ・マッラの後，リプ・マッラは，カス王
国の王となりました。彼は，ジタリ・マッラの弟アナンド・マッラの息子でし
た。1313 年，マ・リプ・マッラはネパール渓谷を訪れ，マチェンドラナート
とスワヤンブーを参拝し，ダルシャン（見ること）をした後，8 日間滞在しまし
た。この後，リプ・マッラは，ブッダの生誕地であるルンビニに向かいました。
　リプ・マッラの訪問中，彼は，この地のアショーカの石柱に「Om Mani
Padme Hum[8]」（オム・マニ・ペメ・フム）と刻みました。これに加えて，「Sri
Ripu Malla Chidam Jayatu」（スリ・リプ・マッラ・チダム・ジャヤトゥ）と記し，
彼自身と息子のサングラ・マッラの名前を書きました。彼は，「リプ・マッラ
王子の勝利が長く続きますように」と記したのです。アクシャイ・マッラも同
様に，僧侶（ゲロン）になりました。アディティヤ・マッラの孫のプラタップ・
マッラは，王よりも僧侶になることを望んだのです。プニャ・マッラは，カサ
王国のもう一人の偉大な王でした。仏教徒であったため，ソナム・ダクパと呼
ばれていました。このように，カサ王国で広く普及することができた仏教は，
プリスウィ・マッラの治世後半には細分化され，カサ王国から徐々に仏教の影
響力が低下していったようです。スワヤンブーのはじまりや中国から文殊菩薩
が到着してから，カトマンズ渓谷で仏教が広まりつつありました。カトマンズ
では，とりわけネワール族のコミュニティで，この宗教が定着しました。この

---

8)　とりわけ，慈悲の菩薩である観音菩薩に唱えるよく知られたマントラである。

流れは，キンラート時代やリチャヴィ時代まで続きました。ネパールでマッラ朝が台頭してからも，仏教はその地位を強固なものにしました。マッラ王家は，仏教の発展のために尽力しました。

　仏塔の周りに生えている雑草が刈り取られ，きれいにされました。15 世紀末から 16 世紀初めにかけて，チベットの偉大なシッダー・ニディパティ・ダグ・チヤン・サキャ・サンポが，ブッダナート・ストゥーパ（Boudhanath Stupa）を見に来たことがあります。この時，仏塔は埃に覆われ，埋もれようとしていました。彼は，仏塔を全面的に改修したのです。この頃，カトマンズ渓谷に 3 つのマッラ王国が誕生したという証拠があります。仏塔を修復した後，サキャ・サンポは聖地へランブーに向かいました。彼は，リグジン金鎖のチャンター族の伝統に基づいて，そこにチリ僧院を建立しました。そうやって，彼は人生を過ごしてきたのです。サキャ・サンポによって始められたヒョルモの伝統では，アバター教（トゥルク）は彼の死後に始まったとされています。トゥルク・ナムカ・ギジンは，サキャ・サンポの二番目の化身として登場しました。彼は生前，仏塔の改修を行いました。テンジン・ノルブは，サキャ・サンポの三番目の化身として登場しました。また，彼は，ブッダナート・ストゥーパを訪れ，その改修も行いました。1614 年から 1617 年にかけて，カンティプールのシブシン・マッラ王がテンジン・ノルブを招き，カトマンズにやってきました。彼は，シヴァ・シンの宮殿で行われた盛大な奉献式に参加し，奉献を授けました。彼は，空から華の雨を降らせて奇跡を起こしたと言われています。この出来事は，マッラ王が仏教に帰依していたことを物語っています。サキャ・サンポの五番目の化身であるシルノールの時代までは仏塔とのつながりがありましたが，それ以降はつながりが途絶えているようです。その後，1629 年にシャマルパ・ラマ 6 世が仏塔の整備を行いました。さらに，1723 年には，テホー・カルマパ・シトゥ・パンチェンがカトマンズを訪れ，仏塔の修復に大きく貢献しました。1734 年のサムバットのティアスフにあるように，カンティプールのプラタップ・マッラ王はブッダナート・ストゥーパで倒れたガジュル（尖塔）を覆っていたため，別のものを奉納しました。

　パルティヴェンドラ・マッラ王の時代，インドのラダックから有名なカニング・ヨギがカトマンズにやってきました。スワヤンブーを修復し，ブッダナート・ストゥーパも修復し，ヴァリとガジュールも回復させたのです。その後，1748年にチベットのチュワン・ノルブが仏舎利塔を修復しました。1819年頃，テマル最後の王リンジン・ドルジェがブッダナート・ストゥーパを整備したとの情報があります。ネパールの仏教の発展・拡大には，国家側の責任があるようです。一方，チベットからやってきたラマ教の導師たちも，大きな役割を担っていました。インドからやってきたシッダも，ネパールの仏教の発展に重要な役割を果たしました。ネパールのガンダキ県にある24の州のうち，ゴルカ州も仏教の普及に特別な役割を果たしたという史料があります。ゴルカ王国は，特に仏教の普及のためにブータンから来たラマ僧に権限を与えていました。ゴルカ国とブータン国との間に国家レベルの関係が成立しました。17世紀，ゴルカ国のラム・シャー王とブータン国のナワン・ナムギャル王は，ブータン国の僧アヴァター・ラマ・ダムチェ・ペンカールを介して関係を強めたようです。ネパールでは，ブータンの宗教指導者が土地の所有権を得るとともに，宗教・文化活動への財政支援を行っている証拠があります。ラム・シャーは，6つのキヤンとゴルカ東方の土地をブータンのラマ僧に与えました。クリシュナ・シャーはブータンのラマ僧に多くの土地を与え，ゴルカにある西洋の仏教僧院の運営にあたらせました。

　バシャの系図にあるように，ナルブパル・シャーは息子のいないことを心配して，ブータンのダルマラジャという名のラマ僧を呼び寄せたといいます。そのラマ僧がタントラの儀式と加護を与えた後，プリトヴィ・ナラヤン・シャーが生まれたと言われています。ブータンの有名なラマ僧，ロパ・ラマがナクタリ僧院の加護を受けたのです。碑文によると，チョウン・ラマが土地や財産の一部と引き換えに銅版を贈ったといいます。1815年にブータンからネパールに来たラマ・サムガル・ギャルノルブはボダナートを修復し，1817年に代替法会のために現地に赴きました。1825年にはブータンのダルマラジャから35ルピーが，1826年にはラムジャン・シンの名で21ルピーが送られました。

1831年，ネパール政府は，チタイダルの代わりに，ブータンのグーティの土地の財政管理をアヴァター・ラマが直接行うことができるように取り決めを行いました。ネパール政府は，21ルピー58パイサの商品を集めて食べるように手配していました。チライダルという役職を廃止し，ダルマ・ラマにその仕事をさせるという取り決めがなされました。1834年，ダルマ・ラマはスワヤンブーの各家から年2アンナを徴収できるように手配されました。1852年，ラジマン・シンはグーティ（Guthi）の土地から50ルピーの所得を徴収しました。ジグメはラマ僧にチョギャルという宗教を説明しました。

これに先立つ1640年，ブータンのデブラジ・テンジンがカトマンズのゴルカを訪れ，いくつかの僧院がゴルカに引き渡されました。その後，カトマンズ・バレーにやってきました。この間，カンティプールのラクスミナール・シン・マッラ王と親交を深めました。スワヤンブーを訪れ，その改修も行いました。クリシュナ・シャーとナルブパル・シャーは，チラン・ゴンパ（僧院）とナカタリー・ゴンパを寄贈しました。プリトヴィ・ナラヤン・シャーがビジャイプールを征服した後，ハク村の5つの農場はスワヤンブの名で管理されました。ダルマラジャには，祝福としていくつかの財産が贈られました。プリトヴィ・ナラヤン・シャーは，6つのゴンパの土地といくつかのヴィルタを与えました。シャー族の王は12のキヤン族に，ブータンのラマ僧の権利を与えました。1795年，プリトヴィ・ナラヤン・シャー王の孫にあたるラン・バハドゥール・シャー王は，ブータンのラマ僧の名で20の農園と15〜20の村々を贈りました。1855年から56年にかけてのネパールとチベットの戦争後，ネパールとブータン関係は冷え切ってしまいました。戦争中，ブータンがチベットを助けたとされたのです。この点について，ブータンはネパール人のニニ・ラムシン，ドゥワリヤー・ハリシングら3人からなる代表団を派遣して説明しました。この代表団が来たのは，戦後，ブータンに与えられていた僧侶の権利がすべて取り上げられたからです。その代表団は，当時の総司令官クリシュナ・バハドゥール・ラナに，ナカタリ，シンブ，ハク，カリアリ，キムドルだけでも没収された土地を取り戻してほしいと要望書を提出したのです。それは，1919年にスレン

ドラ国王によって封印され，ブータンの権利を維持しました。

**AKS：ネパールとブータンの間には，仏教の保存と普及のための関係があるのでしょうか？**

TD：ネパールとブータンの宗教関係はすでに確立されていました。ネパールとブータンの宗教関係が強化されていた 1817 年，ブータンからサンゲ・ラマ・ノルブがカトマンズにやってきて，スワヤンブーの総修理をしました。この後，1915 年にチュワン・ジグメがネパールにやってきました。彼はサンゲ・ラマの息子です。1918 年，ドルジェ・カム・シャキャはカトマンズ・スワヤンブーを修理しました。1972 年，チベタヌ・パンデイがスワヤンブー復興のための寄付を集めるためにブータンに送った手紙に対し，当時のブータン国王ウゲン・ワンチュクは，自身を代表して 4 万ルピー，ブータン国民を代表して 4 万5000 ルピー，合計 9 万 5000 インドルピーを拠出しました。彼はまた，同額の寄付を行いました。その寄付金でスワヤンブーの改修が実現した後，当時ネパールでブータンの宗教代表だったセラオ・ドルジがその監督にあたったのです。ネパールにおける仏教の発展・拡大には，初期から何らかの障害があったとは思えません。国家，宗教指導者，アチャリヤ，市民が素直な心でその発展と拡大に貢献したという歴史的事実が広まっているのです。ネパールでラーナ朝が台頭してからは，ラーナ朝は仏教に対してあまりリベラルではなかったと言われています。ラーナ時代，ヒマラヤや丘陵地帯に住む仏教徒は大乗仏教に属する巡礼者には無関心でしたが，カトマンズ渓谷内のビハーラでは金剛界や小乗仏教に関わる巡礼者は厳しい監視下に置かれたと言われています。ラーナ時代には，カトマンズ渓谷のあちらこちらのビハーラで仏教に関するさまざまな聖典が焼却されたと言われています。

　2007 年 2 月 7 日，ネパールに民主主義が訪れました。この後，宗教の自由はさらに支持され，すべての地域が開放されました。トリブバン国王は，カトマンズのビハーラ（僧院）にいるネワール仏教の巡礼者にダルシャン（聖なる見物）を行い，マヘンドラ皇太子もこの場に同席しました。民主化後のパンチャー

ヤット時代には，仏教に支障はありませんでした。ビレンドラ国王の時代には，ラマ僧のダルシャン・プログラムが実施されました。ラマ僧はかつて，宮殿の宗教的なプログラムに招かれて朗読していました。バイサック・プルニマはブッダ・ジャヤンティという国の祭りとして祝われ，ブッダの哲学を伝播し考察するために休日を与える習慣も続いてきました。

**AKS：複数政党制が確立された後のネパールにおける仏教の状況はどうですか？**
TD：1989年の民衆運動後，ネパールでは複数政党制が始まりました。パンチャーヤット時代の制限区域はすべて開放されました。その後，さまざまなビハーラ，ゴンパ，チャイティヤ，メーンなどが修理・修復されました。また，ヒナヤナ，マハヤナ，ヴァジュラヤナなどの仏教の伝統に従って，ビハーラや僧院が建てられました。変化は世の常です。2005年から2006年にかけて，ネパールでは第二次民衆運動が起こり，共和国が成立しました。ネパール憲法は，2015年10月3日に公布されました。ネパールには3つのレベルの政府が存在することになります。連邦，州，地方レベルの取り決めがなされ，誰もが力を発揮することができました。連邦総務省傘下のセンターには，仏教思想普及委員会と僧院管理委員会が設置されています。2015年4月25日（土）午前11時56分，ネパールで壊滅的な地震が発生しました。多くのモニュメントが破壊されました。多くの僧院やビハーラ，仏舎利塔も破壊されました。そのため，地震で被災した僧院やビハーラ，仏塔を保護し，修復・再建するために「地震僧院復興プロジェクト」が発足しました。これについては，プロシージャー2075も発行されました。この地震災害により，カトマンズにあるボダナート・マハーチャイティヤのハルミカから上部が大きな被害を受けました。ドームに亀裂が入ったため，ボダナート地域開発委員会が修理を請け負いました。仏教の普及のために，開発基金や地域開発委員会が設立されています。全国のビハーラ，ゴンパ，ギャン，チャイティヤを仏教思想普及・ゴンパ運営委員会に登録するよう手配しました。ネパールには，仏教思想を研究するための正式な機関がありませんでした。師は僧院やビハーラで教えを説いていました。カト

マンズ渓谷の多くの神々や女神の寺院では，金剛乗の伝統に従って礼拝が行われているので，僧侶はかつて年長者からその方法を学んでいたのです。

　丘陵地帯では，特にタマン族はラマ僧を雇って，法会の読誦や儀式を行っています。そんなラマ僧は，かつて 3 カ月間洞窟にこもって師のもとで学んでいました。この伝統は，現在に至るまで変わることはありません。これらのラマ僧は，特に大乗仏教の伝統に従っています。

**AKS：ネパールで仏教教育が正式に行われるようになったことで，どのような変化があったのでしょうか。**

TD：ネパールでインフォーマルに行われていた仏教研究を正式に行うことが求められるようになり，トリブバン大学では 1999 年に人文社会科学部のもとで 1 年間の仏教研究プログラム（PGD）を実施しました。その流れを受けて，2004 年に中央仏教学院（CDBS）が設立されました。大学院の 2 年制が動き出しているようです。その後，修士と博士のプログラムを実施しました。これに加えて，他のキャンパスで仏教学を教えることも許可されました。同様に，2004 年 6 月 17 日には，仏教学の正式な普及と維持を目的として，ルンビニ仏教大学が設立されました。この大学では現在，大学院の修士課程，博士課程で仏教を学ぶことができます。 2015 年の憲法によると，ネパールには 3 つのレベルの政府が存在します。それらは，連邦政府，州政府，地方政府から権限を与えられています。権威の完成後，地方レベルでは，その地域の僧院を保護しています。古くから存在し，今もなお老朽化し廃墟と化しているチャイティヤやマネを再建しているのです。この行動は，仏教徒が多く住む地域で拡大しています。特に重要な古代僧院が見出され，修復されています。仏教の 4 つの宗派（カギュ派，サキャ派，ニンマ派，ゲルク派）に応じて，チャイティアや僧院が建設されています。現在，そのような僧院では，受験生を対象とした教育活動が行われています。この他にも，仏教学者がさまざまな委員会をつくり，仏教の教育や研究，翻訳などを行い，一般に普及させるなど，仏教の普及に大きな役割を果たしたと思われます。

**AKS:　ネパールの仏教の尼僧たちは，どのような状況にあるのでしょうか。**

TD：釈迦の時代の尼僧のあり方は，サンガの成立と拡大に関連しています。釈迦は，仏教を発展・拡大させるためにサンガを設立しました。このサンガには，男性の僧侶だけが滞在することが決められていました。尼僧の存在も，その集団も想定していなかったのです。仏教のサンガに女性が入ることは，禁じられていました。釈迦は，女性の入門に最も反対していました。この時代の社会は，男尊女卑，家父長制であったのです。そんな時，釈迦は，女性を仏教のサンガに入れると，ティルティカ（非仏教徒）に誹謗中傷されることを恐れたと言われています。釈迦は仏教会には入れなかったが，女性にも説教をしました。釈迦によるそのような説法を受けた最初の女性が，ヤシュ・クマールの母であり妻でした。仏教の文献には，ブッダの説法を聞いて多くの女性が恩恵を受けたことが記されています。

　女性のいる比丘のサンガはわずかに設立されました。釈迦の継母であるパジャパティ・ゴータミは，ヴァイシャリーで3度にわたって釈迦にサンガへの参加を求めました。釈迦はこの願いを拒否しましたが，アナンダの主張と要請により，パジャパティ・ゴータミは釈迦によってサンガへの参加が認められ，阿羅漢となったのです。ナンダとヤショーダラも一緒に移住し，ヤショーダラは比丘尼となりました。この時，ヤショーダラは500人の女性を仏教会に参加させました。サンガに入った後，カウシャル，ヴァイシャリー，マガダ，ラージャグリハ，スラヴァスティ，リチャヴィー王国の女性たちが徐々にサンガに入るようになりました。マガダ国のビンビサーラ王の妻も，やがて比丘尼となりました。カウシャルのウダヤン王妃シャマバティも比丘尼としてサンガに参加しました。ヴァイシャリー共和国のロイヤル・ダンサーで美しいアムラパリや，当時のインドを大々的にアピールしました。ビンビサーラ王は彼女の美しさに魅せられ，結婚しました。結局，アムラパリは比丘尼になり，息子は比兵になったのです。アムラパリの美しさは，中国の旅人であるファヒアンやウェン・ツァンも紹介しています。

　インドの主要都市で女性のいる比丘尼のサンガが拡大していきました。釈迦

の大般涅槃に入ってから 236 年後，アショカ王は仏教の発展と拡大のためにあらゆる手を尽くしました。娘のサンガミッタは尼僧であったため，スリランカに派遣され，尼僧院を建てることになりました。比丘尼のサンガに関する重要な情報は，ネパールのリチャビ・カルの記録に記載されています。この記録は，パタンのチャプトルにある仏像の背中に見ることができます。比丘尼のマラパシュリは，大乗仏教の学者であるシュリ・ヴィシュワチャンドゥパル氏を記念して，像の制作を依頼しました。ネパール・サンバト 40 のマハブッダ・ビハーラで書かれた般若経には，ラリツプル・マハワティシャル・ビハーラのシャキャ・ビクニ・アシャリニ・アクシャミティの名前が記載されています。プラタップ・マッラの時代，ネパールの太陰暦 767 年のシャンティダラ・チャイティヤを修復する際，ジャムナという尼僧が彼女を助けたことが判明しています。マンデフ時代といわれるチャバヒルのチャルマティ・ビハーラ（チャイティヤ）記録には，ネパール人女性たちがさまざまな絵を描いた建物や土地を寄贈したことが記されています。紀元前 265 年頃，大乗仏教を信仰していたインドラプラバという女性が，ナレンドラデヴァ王の時代に手書きの掌編「パンチャ・ラクシャ」を書き残しました。481 年の碑文には，ダルマダトゥ・バージワール・チャイティアが，主人公のランジョティ・プラタムジ・ウラシュ・ラクシュミによって建てられたことが記されています。この事実を考えると，釈迦の時代からリチャビ・カルやマッラの時代に，仏教の女性集団はそれなりの地位にあったようです。

　1980 年頃，ネパールで上座部仏教が活気づくきっかけがありました。再入信した女性や，出家した後に家庭を離れ，黄色の衣をまとって専修比丘尼となる女性がいました。1988 年頃，3 人のネパール人女性が「一生を宗教に捧げる」と誓ってインドのクシナガラに向かいました。その 3 人の女性とは，ラトナパラ，ダルマパリ，サンガパラでした。この革新的な一歩をきっかけに，ネパールでは比丘尼やその集団についての議論が始まりました。このように，女性が僧侶になりサンガに入り，信仰を選択するという習慣があります。2007 年の革命後は，よりオープンになりました。現在，比丘尼は上座部仏教側と大乗仏

教側の両方に存在し，サンガに入ることで信仰に従います。仏教とその発展を見ると，多くの衆生が深い役割を担っています。ネパール，スリランカ，ブータン，ミャンマー，タイ，ベトナム，ラオス，韓国などの国々では，仏教がよく知られています。古代のタキシラ大学では，仏教を奨励していました。タキシラには，古い仏教の仏塔があります。カイバル・パクトゥンクワ州考古局のハリプール地区にあるビーマラ・ストゥーパの近くで供養が行われました。このとき，韓国から来た僧侶のシナム博士が「世界七大聖地の一つである」と述べました。この聖地は，ユネスコの世界遺産に登録されています。タキシラには，仏教文明の遺跡が残っています。アフガニスタンのハイダ文明，パキスタンのタキシラガンダーラ文明は世界的に有名です。アフガニスタンのバーミヤンには巨大な仏像があったのですが，何らかの理由で破壊されてしまいました。このように，仏教は世界に平和，調和，統一，友好のメッセージを伝えてきたのです。

# 第3節　ゴンパ[9] 僧院の教育制度とその課題

## 3.1　背　景

　ネパールの古くからの教育を見ると，伝統的な社会的価値観が世代を超えて
受け継がれていることがわかる。ネパールには，仏教やサンスクリット語の教
育の伝統に触発された古くからの教育制度がある。仏教徒，特にネパールの山
岳地帯に太古の昔から住んでいる人々は，独自の基本的価値観の影響を受けな
がら，伝統的に仏教の教育システムを運用してきた。このような教育システム
は，主にゴンパ（僧院）で見られるもので，特定の教育プロセスを用いて，独
自のリソースに依拠して運営されている。

　2015年までにすべての人に教育を提供するという世界教育会議の目標に
沿って，ネパールはその目標を達成するための国家行動計画を作成し，実行し
ている。その中で，国内のすべてのカースト，ジェンダー，地域を教育の主流
にすることが国家の責任になってきた。この点，ネパール政府は，ゴンパ僧院
の教育システムを独自の資源と教育プロセスによって国家教育システムに主流
化することが国家の責任と義務であることを考慮し，ゴンパ僧院教育を国家教
育システムの主流に統合するプログラムを進めた。

## 3.2　主流化への取り組み

　ゴンパ僧院の教育制度は，政府から正式な認可を受けることができなかっ
た。　しかし近年は，一定のプロセスを経れば当該機関を承認する方針がとら
れている。しかし，そのような教育機関で得た知識・技術・教育は，学位を伴
う正式な科目として認められていない。この種の教育は，国家レベルからの保
護を受けておらず，その推進と発展において適切な指導が欠けている。このた
め，そのような教育機関で教育を受けたとしても，教育を受けた国民としてカ
ウントすることができない。つまり，このような教育システムから生み出され

---

9)　ゴンパ（Gompa）は，要塞や僧院（ビハーラ），大学を組み合わせたような施設である。チベット仏
　教では，典型的な行政や教育，宗教の機関で，ブータンのゾン（dzhong）に似ている。

る人材は，政府から正式な認定を受けていないのである。すべての人に教育を
提供するために中等教育まで無償で提供するという憲法上の規定があるが，政
府はこの教育制度において無償で教育を提供することができていないのであ
る。僧侶による教育システムは，あらゆる資源とマンパワーを動員している。

　しかし，近年，このような教育システムを本流に組み込むために，次のよう
な取り組みが行われている。

① 1971年教育法（第7次改正を含む）および教育規則の範囲内で，マドラサ（モ
　 スク），ゴンパ（僧院），ビハーラ（僧院）の性質を持つ新しい学校の開設を
　 制度的に申請するよう手配する2002年4月30日付け教育省の長官レベ
　 ルの決定や，教育省からの2002年5月24日付け手紙に従って，5地域の
　 すべての教育長官および75のすべての地区に対して指示が出された。

② 教育省の主導で，2004年にムスタン地区でゴンパ／ビハーラに関係する
　 人々との討論や交流のプログラムが開催された。

③ 2005/2006年度の予算書を通じて発表された政策とプログラムにおける万
　 人のための教育の精神に沿って，ジャナクプル，バイラワ，チトワン，
　 カトマンズで主流化に関するセミナーを実施し，宗教学校を国の教育の
　 主流に組み込む努力が開始された。2005年12月23日付の教育省の決定
　 により，事務局長のコーディネートのもと，7名からなる「機関的包括調
　 整委員会」が設置された。

④ 2006年11月10日に大臣レベルで，地区レベルの宗教学校に関連する3
　 名のメンバーからなる「制度的包摂調整委員会（DEOの招集のもと1名の
　 役員および1名の学校内のスーパーバイザー監督者を含む）」を設立すること
　 が決定されている。

⑤ 2006/2007年度には，このような宗教的性格を持つ学校に対して，所定
　 の条件と指示に従って総額1,300万ルピーが支出され，助成金予算はすべ
　 ての地区で分配されている。

⑥ マドラサやゴンパ/ビハーラなどの宗教施設は，初等レベルのコミュニ
　 ティスクールとしての許可を申請するための費用を支払う必要はなく，

地区教育局，リソースセンター，最寄りの現地校が定めた 5 年生のカリキュラムに定められた学習成果に基づいて，カリキュラム開発センターからこのような学校のための個別の教科書が作成されるまで，費用を支払う必要はない。2007 年 11 月 10 日の閣議決定により，これらの機関のリーディング試験の結果が公表され，認定証が配布される予定である。

⑦ 教育省の決定により，2005/2006 年度には，各ゴンパ，ビハーラ，マドラサの各生徒に，1 単位あたり 300 ルピー，一括で 3300 ルピーの「学校計画資金」が割り当てられている。予算プログラムは，「機関的包括地区調整委員会が公表した」決定に納得した機関に配分されている。

⑧ 教育規則第 77 条の別表 3 によると，クラスの生徒数が達しているか，条件を満たしているかで，宗教教育機関の物理的インフラが満足のいくものであれば，コミュニティの小学校は需要に基づき保証金なしで許可される場合がある。ただし，生徒数が足りない場合は，2002 年教育規則（改正あり）第 52 条に基づき，代替教育プログラムの実施を認め，2006 年 10 月 21 日の大臣決定により，地区教育局またはリソースセンターが指定する学校から試験を実施する。

⑨ カリキュラム開発センターに対して，2006/2007 年度のカリキュラムの在り方に関するフォーマットを作成し，送付するよう要請した。

⑩ 2006/2007 年度には，各地で制度統合に関連したワークショップが開催された。いずれのセミナーでも，学校の許認可手続き，代替校の運営方法，奨学金の取り決め，学校改善計画，助成金制度，カリキュラム，教科書などについて幅広く議論され，フィードバックが得られている。

⑪ 2010/2011 年度には，カリキュラム開発センターから，初等・中等教育レベルのカリキュラムの枠組みが作成された。

⑫ 教育局を通じて，関係する地区の学校から，これらの教育システムを登録し，所定の助成金を支給する作業が始まっている。

⑬ 2008/2009 年度予算から，カリキュラム開発センターによる主な合理化プログラムのもと，初等・中等教育レベルのカリキュラムを確定し，教

科書プログラムを開始した。2011年までに10年生までのカリキュラム
と教科書のテストを実施することが承認されている。それに伴い，ゴン
パの10年生までの教科書が開発された。

⑭ 国立教育開発センターでは，教員養成のための研修，カリキュラム，教
材作成などを実施している。

⑮ 2011年12月14日の大臣決定により，「僧院運営協議会」が設置され，
ゴンパ教育に関する方針，意見，提言を行っている。

⑯ ゴンパ僧院の教育活動をステークホルダーに伝えるため，2011年からゴ
ンパ・ビハーラ通信を発行している。

⑰ 2006年の「国家カリキュラム草案」や「定期3カ年計画」「学校セクター
改革計画（2009-2015）」で宗教教育を主流とする政策指針が示されたため，
ゴンパに関連するプログラムも増えてきている。ゴンパやマドラサを主
流化する試みはさまざまな活動を通じて行われているが，それだけで主
流化につながったとは言い切れない。

## 3.3　課　題

　ネパールは，地理的，社会的，文化的，宗教的に多様な国である。このよう
な多様性が，ネパールの特徴である。この多様性は，教育環境にも影響を与え
ている。政府は2015年までにすべての人に教育を提供すると約束しているが，
それでも国民の半数は非識字者である。初等教育段階の子どもの約5%が教育
の機会を奪われている。　不登校の中には，地理的，社会的，文化的，宗教的
な理由によって困難な状況にある子どもたちがいる。したがって，教育の拡大，
アクセス，平等の観点から，正規の教育以外の宗教機関が運営する教育システ
ムを主流に取り込むことが極めて必要になってきている。

　情報通信技術の新たな発明や変化により，知識や技能を学ぶ場が拡大する
中，従来の正規の教育制度だけでは十分でない状況が生まれている。そのため
には，ゴンパやマドラサなどの教育機関が行う教育が国から認められることが
必要である。

　課題は問題だけではない。挑戦すれば，その課題はチャンスに変わる。した
がって，ゴンパ僧院教育を含む教育上の課題を明らかにし，それをチャンスに
変えることで，教育に対する国家の責任と義務を果たすことができるのであ
る。
　現在，ゴンパ僧院の教育システムが抱えている課題は，以下の通りである。

### ①政策的・法的な課題

　ゴンパ僧院教育の発展のために，上記のような限られた努力はしているもの
の，2500年以上の歴史を持つ教育制度を国家の主流にするための政策や法整
備は弱いものである。この教育を主流にするための法的整備がなされない限
り，その発展は望めない。法律で規定した後，さまざまな政策プログラムや計
画を立てる際の基礎となる。したがって，宗教教育については，別途法令で規
制する必要がある。教育法で，それが実現するまでは，適切な法規定を盛り込
むべきである。

### ②構造に関する課題

　学校部門改革計画に基づき，現在の学校教育を1年生から12年生までとし，
統合学校教育として再構築する試みがなされている。ゴンパ僧院教育などの宗
教教育制度を，既存の学校教育の中から運営するのか，それとも別組織を設け
て発展させていくのか，教育省にはジレンマがあるようだ。宗教教育制度は独
自の価値観と教育システムを有しているので，その構造的なシステムに干渉す
ることなく，そのままの機能を発揮させることにより，必要な人的，経済的，
物質的な環境を提供することが適当である。

### ③カリキュラムや教科書に関する課題

　ゴンパの既存の学校教育の仕組みに沿った学年（1～10年生）のカリキュラ
ムが作成され，それに合わせて新しい科目の教科書のサンプルがテスト用に準
備されているが，カリキュラムや教科書は僧院で常に利用できるものではな

い。ゴンパ僧院教育の教科書は，政府の学校のようにジャナク教育教材セン
ターから印刷されたものではない。助成金の額が限られているため，限られた
数の教科書しか印刷されず，十分とは言えず，学生が教科書を入手するための
システムも弱い。そのため，コミュニティスクールと同様に，教科書はジャナ
ク教育資材センターで印刷し，そこからゴンパに持ち込む必要がある。

### ④他の参考資料の開発・活用に関する課題

　カリキュラムや教科書を効果的に実施するために必要な，教師用ガイドライ
ン，参考資料，実験教材，生徒評価関連資料が整備されていない。そのため，
そのような教材を開発し，適切に使用するための普及やオリエンテーションの
トレーニングを実施する必要がある。

### ⑤運営に関する課題

　ゴンパの組織的運営に必要な行政規定が不明確なため，こうした教育機関は
それぞれ独自に運営されてきた。そのため，宗教団体や保護者，行政の存在を
確かなものにするための法的整備を行い，運営能力を高めていく必要がある。
これらのスタッフに必要な知識・スキル・能力を身につけさせ，利用可能な資
源を最大限に活用することで，マネジメント側を強化することが必要である。
同様に，教職員のスケジュールを賢く組むことで，勤務条件も保証されるはず
である。

### ⑥適用性の課題

　ゴンパなどの宗教法人が発行する証明書は，他の教育機関で取得した証明書
と同等であるべきである。それらの証明書は，公共サービス委員会を含むさま
ざまな政府および非政府機関の仕事のために法的に認められるべきである。同
時に，ゴンパを多様な方法で形で社会に紹介する機会を作るべきである。国際
的なレベルで徐々に認知されるよう，必要な手配をする必要がある。これと同
様に，ゴンパ僧院の教育も，宗教的な訓練だけでなく，キャリア志向の教育と

して活用できるよう，必要な整備を行うべきである。

### ⑦ゴンパの最適な管理に関する課題

　ゴンパの円滑な運営に必要な政策決定には，利害関係者が直接関与する必要がある。同様に，ゴンパ内の利用可能な資源の利用を透明化するために，必要な仕組みを整え，社会的なテストを行うべきである。ゴンパに保管されているすべてのデータや文書は，法律に従って整理されるべきである。

### ⑧組織的な能力開発に関する課題

　ゴンパの全面的な発展のためには，ビジョン，目標，目的，戦略を整理し，業務を体系的，客観的，結果指向的にするために，関係機関の組織能力を開発する必要がある。そのためには，必要な財務的，管理的な機能を整備する必要がある。

### ⑨経済的資源に関する課題

　ゴンパは，今でも自分たちの宗教団体の資源で運営されている。すべての人に教育を提供するという国家の約束を果たすために，ゴンパには，物質的な開発，教師，職員の給与，教科書，奨学金，宿舎費，衣装代などの面で，定期的に財政支援が行われるべきである。

### ⑩監視・監督に関する課題

　ゴンパの管理を強化するために，適切な制度整備を行う必要がある。経営を可能にするためには，「より優れた，より有能な」人物への支援と善意を集結しなければならない。同様に，管理を効果的に行うためには，定期的な監視と監督が必要である。さらに，教育や学習を効果的に行うためには，スーパービジョンを定期的かつ効果的に行うことが必要である。地域も行政も，そのことに目を向けることができていなかったのである。

## 3.4　結　論

　ゴンパが直面するさまざまな課題の観点から，政府，コミュニティ，NGO，寄贈者などの関係者が協力する文化を強化・実現し，課題をチャンスに変えていくことが必要である。継続的な取り組みは，効果的かつ持続的で，定期的なものでなければならない。現状を把握し，将来計画を作成するために，まず，宗教教育に関する国家レベルの委員会を設置する必要がある。同委員会の報告書が推奨する事柄は，徐々に実行に移すべきである。連邦制民主主義国家となった現在，ゴンパ僧院教育の保護・振興のための短期・中期・長期の計画やプログラムが，地域資源を最大限に活用して全国的に策定し，実施することが必要である。ゴンパ僧院の教育に関連するすべての関係者との特別な話し合いを経て，参加型の計画やプログラムの策定や実施をさらに推進する必要がある。長期的な発展のためには，管理委員会，地方組織，教育省およびその下部組織，NGO，コミュニティベースの組織，寄贈者，業界団体，国，教員専門組織，政党，市民社会，保護者，生徒など，すべての関係者の間で協力と調整を行う必要がある。このような協力を通じて，接近，平等，質，関連性を重視し，国による一定期間の条件の提示は素直に受け入れるべきである。主な対象の集団を教育の主流にとどめるため，教育の需要側と供給側の関係を強化し，機会や資金，その他の収入を得る機会を提供するために，国は適切な円滑化のための手配をする必要がある。このように，短期，中期・長期の計画を含め，明確な責任感を持って宗教教育を主流にすることができれば，万人のための教育という目的は達成されると考えることができる。

## 第4節　ルンビニ仏教大学における仏教研究の学術プログラム

### 4.1　ルンビニ仏教大学チベット仏教研究学士号プログラム

　ルンビニ仏教大学（LBU）は，2004年にLBU規定によりルンビニに設立され，2006年にLBU法として承認された国内初で唯一の仏教系大学である。1998年にルンビニで開催された第1回世界仏教サミットの最後に，大学設立の決議

がなされた。

　LBU は，釈迦の教えを内面化し，仏教の哲学，文学，教育，文化などの教育や研究を通じて，世界の平和，調和，繁栄に貢献することを目指している。また，パンチャシール，シャンティ（平和），バンドゥトヴァ（共感），マイトリー（友情），サドバヴァ（慈悲）の原則を高めることも目標のひとつである。

## ⑴ プログラム概要

　チベット仏教学の学士号は，仏教学部の提供する学位である。チベットやチベット仏教の伝統と，そのネパールのルーツや派生について深く研究しようとする受験者のニーズに応えたものである。その主な目的は，ゴンパや僧院教育のバックグラウンドを持つ学生に，チベット仏教の上級学位を提供することである。チベット仏教は，ネパールの経典，瞑想，口伝，学問の伝統を経典とタントラの両方で保存しているだけでなく，ネパールヒマラヤ，チベット，ブータン，中央アジア，モンゴルの仏教発展において，中心的な役割を果たしている。

　チベット仏教学の学士課程のカリキュラムは，チベット仏教と他の派生した仏教に広まっているさまざまな次元と実践を理解するのに役立つように設計されている。そのため，カリキュラムは，チベット仏教の実践に必要なしっかりとした理論的基礎を築くことと，さまざまな活動を通じて学生の実践力を高めることの 2 点に重点を置いている。この目的を追求するために，カリキュラムは，実地見学，専門的なスーパービジョン，コースワークの価値についての絶え間ない省察を通じて，学生に特定の倫理的価値観を身につけさせようとしている。

## ⑵ 入学基準

　ゴンパ教育の中等学校またはそれに相当する高等学校の二級レベルを取得している者に応募資格がある。

　ルンビニ仏教大学への出願資格は，「www.lbu.edu.np」から入手可能な適切

なオンライン出願書類に記入することにより，出願することができる。

　入学は学期ごとに行われ，どのプログラムにも参加するためには，筆記試験と個人面接を受ける必要がある。年間受け入れ人数の上限は，1クラス45名と定められている。チベット仏教の学士課程への入学は，中等学校の成績，過去の学業成績，入試の結果に基づいて決定される。選考の最後に，学生の実績の合計点に基づいて，実績一覧が発表される。

　本学のBAチベット仏教学プログラムへの出願と入学を成功させるためには，以下のステップを踏む必要がある。

　① 正しく記入し，署名した申込書を提出する。

　② 中等・高等学校またはゴンパで12年間学んだ証明書と成績表・マークシートの認証済みコピーを申込書と一緒に同封する。

　③ 申込金を支払う。

　④ 必要書類を期日までに本学学生入試課に提出する。

　上記の書類と費用を提出した後に，入試を受験することととなる。

### ⑶ 受講期間

　プログラムは4年間でセメスター制で運営され，各年度を2学期制としており，合計で8学期のコースワークとリサーチワークで構成されている。入学時に，学習コース一式が提供されることとなる。

### ⑷ 指導方法

　チベット仏教研究の学士課程における指導，監督，評価の言語は，チベット語のほか，ある程度は英語も使用する予定である。チベット語によるプレゼンテーション，課題提出，試験が課される。本学では，学生が十分な英語力を身につけ，英語で行われる他の授業から最大限の恩恵を得られるように，他の履修科目と並行して英語科目を提供する。

## ⑸ 教育方法

　教育方法は，講義，ディスカッション，学生主導のプレゼンテーション，視聴覚教材やフィールド訪問を利用したワークショップで構成されている。各方式の詳細は以下の通りである。

- 講義：講師は，コースの内容，読み物，記事，書籍，個人の経験などに基づいて，さまざまなトピックについて自分のアイデア，知識，考えを共有する。
- ディスカッション：教師は，関連する学習教材に基づいた重要なトピックや質問を中心に，双方向の授業を展開する。生徒たちは，自分の知識や経験をもとに，教室でアイデアや経験，知識を共有する機会を持つことができる。
- プレゼンテーション：講師の提案により，各科目のトピックを整理して発表する。このセッションは，学生の積極的な参加を目的としている。
- AV 機器の使用：LBU は，教育や学習において適切な視聴覚教材を使用することを教員に推奨している。これらには，写真，地図，録音，音楽，オンラインビデオ，ドキュメンタリーフィルム，映画などが含まれる。
- 現地視察：場合によっては，グンバや重要な場所への現地訪問をアレンジすることもある。同様に，フィールドスタディに適したテーマについては，講師が学生にフィールドワークを行うよう求めることもある。フィールドワークの費用は，外部資金が確保されていない場合は，学生本人が負担することになる。

## ⑹ 出　席

　このプログラムでは，学期末の試験を受けるために，授業の出席率が70％以上であることが要求される。フィールドワーク，レポート作成，インターンシップについては，評価の前提として現地に赴くことが必要である。

## 4.2　仏教研究院の運営するプログラム (博士前期課程) [10]

### ⑴ 大乗仏教

　大乗とは，「偉大なる乗り物」としても知られ，衆生利益のために完全な悟りを求める菩薩道を指す。それはまた，「菩薩乗」とも称される。大乗仏教は，現在存在する仏教の主要な伝統であり，その主な哲学は空と唯心論である。大乗仏教の修士課程は，ネパール人だけでなく，外国人にもその見識を広めるためにLBUが導入したものである。

　セメスター制の大乗仏教コースでは，大乗仏教（スートラとタントラ）の哲学とネパール曼荼羅の伝統的な大乗仏教を集中的に学ぶことにより，履修条件を満たす。また，仏教史，仏教美術，図像学，碑文学，建築学，考古学なども含まれる。特に，大乗仏教のサンスクリット文学を深く研究することに重点を置いている。さらに，世界の宗教とその哲学，東アジアの仏教，ネパールの仏教観光などの科目も含まれている。さらに，学生の理解を深め，学術研究・実践のためのスキル，知識，能力を提供する。

　また，釈迦の生涯，大乗仏教の視点による三転法輪，ネパール曼荼羅における伝統的大乗仏教の重要な発展も学ぶ。また，仏教美術，図像，儀式における基本的な考え方，意味，技術，哲学を大乗の視点を通して提供する。

　このコースは，大乗仏教の分野で有能な人材を育成することを目的としている。

### ⑵ 仏教とヒマラヤの研究

　ネパールのヒマラヤ地域にあるさまざまな仏教のコミュニティは，修行，教義，芸術品を含む古代の仏教の伝統を守り続けており，それらは世界中で非常に人気があり有名である。また，ヒマラヤ仏教の遺産は，歴史的な国宝を保存し，保護することが重要である。したがって，ヒマラヤ研究のコースは，ネパール国内だけでなく，より広い範囲の国境を越えた研究と実践を得るために重要

---

10)　この文章は，LBUの情報を元に作成されている。出典：https://lbu.edu.np/master-degree-programs/

な意味を持つ。そこで，LBU は仏教とヒマラヤの研究の修士課程を導入した。このコースは，仏教とこの偉大な宗教的，文化的な伝統に関わる共同体に関連する古代・中世の重要なモニュメントを含む，理論的談話，精神修養，哲学，文字と言語，遺産保存，伝統建築で構成されている。さらに，人文科学や仏教の研究をより深く理解するために必要な，理論的，実践的，技術的な新しい科目も数多く含まれている。歴史的，実証的，理論的，解釈学的な根拠に基づく仏教と遺産保存の研究は，今日，ネパールの学術界にとって重要な国家的責任となっている。

　仏教とヒマラヤの研究の修士号は，2つの異なる方向の学生を養成することを意図している。ストリーム A は，ヒマラヤ地域の仏教の歴史，文化，哲学，言語などに焦点を当てる。ストリーム B は，文化財の保存と伝統建築に重点を置いている。また，理論的・方法論的なアプローチも多様であり，フィールドベースの研究を実施することで実践的な知識とスキルを身につけることに重点を置いている。このコースでは，特にカトマンズ渓谷，ネパール，インド，ブータンのヒマラヤ各地にある仏教遺跡を扱うことを目的としている。

### ⑶ 上座部仏教

　上座部とは，現存する最古の仏教の宗派の名称として一般的に最も受け入れられているものである。上座部という名称は，上座部がその流れを汲む初期の仏教学派のひとつであるスタヴィリーヤに由来している。スタヴィラニカヤは，仏教のサンガである「共同体」における初期の分裂から生まれたものである。その信者の説明によると，上座部は，スタヴィリーヤの一派であるヴィバジャヴァータという「分析の教義」のグループに由来しているという。

　パーリ語「ティピタカ」に含まれる上座部仏教の教義の中核となる教えは，中道，四聖諦，八正道，三相，縁起である。ネパールにおける上座部仏教とその伝統の中核的な仏教的価値を探求するために，LBU は上座部仏教の修士号プログラムを導入し，パーリ仏典に基づく上座部仏教の中核研究に集中することで研究の必要条件を満たしている。コースワークには，仏教の歴史，哲学，

文学の基礎知識，上座部仏教の歴史も含まれる。さらに，ネパールの上座部仏教，ネパールやインドにおける仏教の衰退と復興についての基本的な洞察も含まれる。

## ⑷ 仏教と平和の研究

　平和研究のコースでは，暴力的な行動と非暴力的な行動を識別し，分析する。対立を平和的手段で解決するために，釈迦の教えを学ぶ学際的な科目である。釈迦は，平和を促進するために，対立の物質的・心理的な原因とその解決について，このような教えを何度も説いている。この研究は，基本的に釈迦が生前に伝えた平和の教えに焦点をあてている。このプログラムには，仏教史，仏教哲学，文学，対立の分析や解決などの科目も含まれている。

## ⑸ プログラムへの参加プロセス

**入学資格：**

　修士課程への入学は，学問分野を問わず，公認の大学で学士号またはそれに相当する学位を取得した学生に適用される。LBU に出願するためには，ルンビニの中央キャンパスまたは提携キャンパスで入手できる出願書類，またはオンラインで入手できる適切な出願書類に記入する必要がある。入学は年単位で行われる。このプログラムに参加するためには，筆記試験と面接を受ける必要がある。修士課程の仏教学専攻の年間定員は，1クラス40名と定められている。

**入学手続き：**

　入学者は，筆記試験および口頭試問の成績により決定される成績優秀者から選抜されるものとする。

**入学試験：**

　入学に際しては，1時間の筆記試験を受ける必要がある。入試は，客観的な問題を100点満点で出題する。

**プログラムの期間：**

　セメスター制に基づくコースは2年間である。1年間は2学期制となる。修士課程は4学期制で，授業と研究が行われる。

**教育媒体：**

　修士課程における指導・監督・評価の言語は，ネパール語のほか，英語も使用する予定である。学生は，シラバスに記載された評価基準に従って，プレゼンテーション，課題の提出，試験の受験を求められる。

**指導方法：**

　教育方法は，講義，討論会，口頭および書面によるプレゼンテーション，視聴覚教材，学期末レポート，セミナーレポート，書評，実地調査で構成されている。各教授は指導方法に則り，適切な学習教材を提供する。

**授業の出席状況：**

　一般的に，大学の期末試験を受けるには，70%以上の出席率が必要とされている。内部試験で不合格となった学生は，本学が実施する最終試験への受験資格を喪失するものとする。フィールドワーク，レポート作成，インターンシップについては，評価のために必要な特定の現場を訪問する必要がある。

**試験：**

　各コースは試験によって評価される。これらの成績は60：40の比率で区分されている。本学が実施する最終試験で60%以上の成績を出さなければならない。各科目の合格点は50%とする。

　学期末試験の質問のパターンまたは配点は，以下の通りとする。

| S.N. | グループ | 質問のパターン | 質問の数 | 回答数 | 満点 | ひとつの<br>グループ内の得点 |
|---|---|---|---|---|---|---|
| 1 | A | 批判的評価 | 2 | 1 | $1 \times 10$ | 10 |
| 2 | B | 記述式および分析的 | 3 | 2 | $2 \times 10$ | 20 |
| 3 | C | 短い回答 | 6 | 4 | $4 \times 6$ | 24 |
| 4 | D | 複数チョイス（客観的） | 12 | All | $12 \times 0.5$ | 6 |
| | | 合計点数 | | | | 60 |

## 内部評価：

各科目の評価点数は 100 点で，そのうち授業内テストは 40 点（40%）である。授業中の評価は，スーパーバイザーと教員が指定の方法を使って常に監督することを基本として行われる。授業中の評価は，授業担当教員が責任を持って行う。一般的に，成績は以下のように割り当てられるが，コースによっては，そのコースで従うべき割り当てや成績評価の方針が異なる場合がある。40% の成績評価は，以下のように分類される。

| 評価方法 | 点数 |
|---|---|
| 出席 | 5 |
| 中間試験 | 15 |
| 学期末レポート／調査報告／記述課題 | 10 |
| 口頭発表／ディスカッション参加／討論会 | 10 |
| 合計点 | 40 |

## 教職員：

LBU は，優秀な教授を雇用して，コースを教え，学生の研究指導にあたらせる予定である。より高い学位を持ち，教育や職業上の経験がある教員は優先される。

## 教科委員会：

仏教学部長は，関係当局と協議の上，修士課程における著名な学者からなる教科委員会を構成する。このグループは定期的に会合を持ち，詳細なシラバス

の作成およびその他の関連事項について監督を行う予定である。

## 修了：

　修士課程を修了するためには，合計60単位以上の必修科目を，各科目の50％以上（またはB-）の成績が必要である。修了には，累積の成績平均値（CGPA）が少なくとも（B），すなわち3.0であることが必要である。本学は，承認された変換方法に基づいて，すべての数値による成績を文字による成績に変換する。

## 学年暦：

　学年暦は，入学の1カ月半前に公表される。一般に，修士課程は1月に開始される。

## 学生数 (中央キャンパス)

　チベット仏教学学士号（BBBS）＝合計42名（3グループ）

　仏教学修士号（MABS）＝合計35名（2グループ）

# 第2章　仏教ソーシャルワークの現状

## 第1節　ケンチェン・タング・リンポチェ[1] 9世

　ケンチェン・タング・リンポチェは 1933 年，チベット東部のカムにあるラルンダという小さな村に生まれた。5 歳のとき，ギャルワン・カルマパ 16 世，ランジュン・リグペ・ドルジェ，タイシット・リンポチェ 11 世，ペマ・ワンチュク・ギャルポにタング・トゥルクとして認められ，トラレグ・キャブゴン・リンポチェによってタング僧院において即位した。7 歳で読み書きと儀式の勉強を始め，ギャルワン・カルマパ，ジャムゴン・コントルル・リンポチェ 2 世，テルトン・ロルパイ・ドルジェなど来訪のラマ僧から力，伝導，教示を受けた。1943 年，タング・リンポチェは巡礼の旅に出て，中央チベットの聖地を訪れ，ギャルワン・カルマパに会い，ホワイトターラ（多羅菩薩）の力を授けられ，ツルフ僧院で 1 カ月のホワイトターラ瞑想をするよう指示された。タング僧院に戻った後，1 年間勉強を続け，1945 年から 1947 年までリトリートで過ごし，予備的な修行やその他の重要な修行を行った。

　1948 年，タング・リンポチェは仏教哲学の勉強を始めた。シェチェン・コントルル・ペマ・ドリミーは，彼にジュ・ミファムの著作集を伝えるとともに，『知識の宝庫（Treasury of Knowledge）』の伝達と解説を行った。彼はその後 5 年間，ケンチェン・ロドロ・ラブセルのもとで，菩薩道，仏教哲学の五大聖典，弥勒菩薩の法などを学んだ。タング・リンポチェは，食事中も夜も線香の明かりを頼りに勉強するような熱心な人だった。

　1953 年，タング僧院の中心的なラマ僧であるトラレグ・キャブゴン・リンポチェが急逝し，その直後にトラレグ・キャブゴンの火葬を執り行いに来たジャムゴン・コントルル・リンポチェ 2 世もタング僧院で息を引き取った。こうして，タング・リンポチェはタング僧院の監督をすることになり，その後数

---

1)　文字通り，「尊い人」という意味で，敬称として使われている。

年間，その職務を遂行した。 1954 年，彼は，パルプン寺のギャルワン・カル
マパに会いに行き，完全な僧籍，二つの伝統の菩薩の誓願，トゥクドルプ・バー
チェン・クンセルとジナサガラ（赤い観音菩薩）の力によるタントラの誓約を授
かった。1957 年，ケンポ・ガンスハル・ワンポがタング僧院を訪れ，ゾクチェ
ンとマハムドラ[2]の修行を施した。

　1958 年，リンポチェとタング僧院の一行は，進軍する中国軍から逃れて中
央チベットに向かい，そこでギャルワン・カルマパに会ったが，彼は，その後
まもなくインドに向かった。1959 年初め，リンポチェはブータンを経由して
インドに向かう別のルートをたどった。その後間もなく，ギャルワン・カルマ
パの計らいで，リンポチェはインド北東部のシッキムにあるルムテック僧院で
彼のもとへ行くことになった。

　1960 年以降，数年間，シッキムでカルマパに仕え，新しいルムテック僧院
の建設を手伝い，若い僧たちに哲学を教えた。リンポチェはこの間，ギャルワ
ン・カルマパから多くの与力，伝導，そして教示を受けた。1967 年，彼は，アッ
サムからバカナに行き，ダライ・ラマ法王の前でゲシェの試験を受けた。その
結果，彼は，ゲシェ・ラランパという最高の学位を授与され，ルムテックに戻
ると，ギャルワン・カルマパからカルマ・カムツァンのケンチェン（大僧院長）
の称号を授与された。リンポチェはさらに数年間ルムテックに留まり，四人の
愛弟子や他の僧侶に哲学を教えた。2000 年にギャルワン・カルマパ 17 世が来
印した際，ダライ・ラマはリンポチェを家庭教師に任命し，リンポチェはダラ
ムサラで数年と数カ月もの間，アビダルマ[3]などの仏教教学を指導した。この
ようにタング・リンポチェは，文化大革命によって消滅の危機にあったカル
マ・カギュ[4]の教義の系統を守るために重要な役割を担ったのである。

　1974 年，ネパールを巡礼したカルマパ 16 世は，リンポチェにネパールのナ
モブッダに僧院を建てることを勧めた。1976 年，リンポチェはネパールに赴き，

---

[2]　ニンマ派とカギュ派の系譜におけるかなり特殊なヴィパッサナーの修行。
[3]　哲学，心理学，倫理学などを体系化した仏教教義。
[4]　チベット仏教の一派。

ナモブッダで3年間のリトリートセンターとボダナートの大仏の近くに小さな
僧院の建設を開始した。やがてボダナートの僧院は拡張され，ナモブッダには
僧院の大学，若い僧侶のための学校，新しい大きな寺院であるタング・タシ・
ヤンツェ僧院が建てられた。リンポチェはまた，ネパールのスワヤンブナート
近くに尼僧のためのタング・タラ・アビー，インドのサルナートにヴァジュラ
ヴィディヤ研究所の僧院大学，バクタプールにセカール・リトリートセンター，
マナンにナル・サテック・リトリートセンターを設立した。また，文化大革命
後と2010年の地震後，2度にわたって青海のタング僧院の再建を支援してい
る。リンポチェの僧団は現在，1,000人近い僧尼を抱えるまでに成長し，彼ら
全員に僧俗の教育やリトリートの機会が平等に与えられている。また，リンポ
チェは僧院や尼僧院を取り巻く地域社会のためにも活動してきた。ボダナート
にシュリー・マンガル・ドヴィプスクールを設立し，ヒマラヤの子どもたちに
教育を提供した。また，ナモブッダのペンデ・クリニックや，タング・タラ・
アビー，ヴァジュラ・ヴィディヤ研究所に小規模なクリニックを設立し，サン
ガのみならず地域社会のために基礎医療を提供することに努めている。

　リンポチェは，アジアの僧院とサンガの発展に力を注ぐ一方で，世界中を旅
して，あらゆる国や文化を生徒たちに教えている。リンポチェは長年にわたり，
毎年数カ月間，アジア，ヨーロッパ，北米を旅し，説法して，力を与えること
に費やしてきた。弟子たちの要望で，カナダ，イギリス，ドイツ，香港，マレー
シア，台湾，アメリカにダルマ・センターやスタディー・グループを創設した。
カナダのバンクーバーにタング僧院，米国コロラド州クレストンにヴァジュ
ラ・ヴィジュラ・リトリートセンターを設立し，さらにマレーシアのプタリン・
ジャヤでも僧院建設のプロジェクトが進行中である。コロナウイルスが流行す
るまでは，リンポチェはネパールのナモブッダとインドのサルナートのヴァ
ジュラ・ヴィジュラ研究所でも外国人向けのセミナーを毎年開催していた。リ
ンポチェは世界中に何千人もの熱心な弟子を抱えている。

　リンポチェは，ネパールの1,700人以上の僧侶，尼僧，信徒の生徒たちに仏
教教育，食事，宿泊を提供している。また，タング・リンポチェは，さまざま

な国でソーシャルワークの活動を展開している。リンポチェのソーシャルワークの活動の一部は以下の通りである。

## タング・タシ・チョーリン僧院 (ネパール)

カトマンズのブーダに位置するタング・タシ・チョーリング僧院である。有名なボダナートの仏塔から徒歩2分である。現在，約60名の僧侶に教育，食事，宿泊を無償で提供している。この僧院は，すべてのタング支部の中心的存在である。

## タング・タシ・ヤンツェ僧院 (ネパール)

タング・タシ・ヤンツェ僧院は，カトマンズから車で約2時間の美しい田園地帯であるカヴレ地区のナモブッダに位置している。ナモブッダは，過去世において釈迦が飢えた虎に自分の身を捧げた場所であることから，ネパールで最も神聖な仏教遺跡のひとつとされている。

1978年以来，タング・リンポチェはナモブッダの僧院を設立するために，長い間，努力を続けてきた。当初は道路も水もなく，非常に簡素な環境であった。現在では，本殿，マハカラ寺，デワチェン寺，リンポチェの家，若い僧侶のためのSMD分校，僧院の大学（シェドラ），リトリートセンター，仏典書庫，図書館，翻訳出版社，礼拝室，最大600人を収容できる台所と食堂，8つの僧侶の寮，医療棟，管理事務所，いくつかのゲストハウスからなる広大な僧院が形成されている。

タング・リンポチェは，2002年に若い僧侶のためのシュリー・マンガル・ドヴィップ分校をタング・タシ・ヤンツェ僧院に設立した。現在，100人以上の生徒と12人の教師がおり，チベット語，英語，ネパール語の一般教育（1〜9年生）と，ダルマに関するセッションを含む宗教と文化の学習が行われている。聞く，考える，瞑想するといった僧院での修行に加え，ラマ僧の舞踊，法要の慣らし，詠唱，楽器演奏，チベット語の綴り，文法，暗誦なども学ぶ。若い僧侶たちは，学校を卒業すると（知的能力，準備，学力に応じて），シェドラ，

ンゴンドロ（予備）修行，または教育に携わる機会がある。

　僧院にある高等仏教教育機関（シェドラ）は，7年制である。シェドラの学生は，論理学と弁証法，マディヤマカ（中道思想），ヴィナヤ（僧団の規律），アビダルマ（高い知能），智慧の完成に関する経典の五大聖典を調査し，さらに他の知識分野の学習も行っている。

### タング・タラ・アビー（ネパール）

　タング・タラ・アビーは，カトマンズ郊外のスワヤンブナートにあるタング・リンポチェが設立した仏教の尼僧のための僧院である。スワヤンブは，有名なスワヤンブ・ストゥーパにちなんで名づけられた特別なスピリチュアルスポットである。周辺には多くの僧院や寺院があり，チベット人の大きなコミュニティがある。

　1991年，チベット国境に近いネパールのマナン地区から，17人の尼僧の第一陣がやってきた。1992年にスワヤンブの土地を購入し，徐々に尼僧院を建設していった。2008年12月，同院の落慶法要が行われた。

　タング・リンポチェは，以前から女性のための僧院を設立し，すでに僧侶が受けている僧院，礼拝，哲学，瞑想の修行をすべて受けられるようにしたいという意向を持っていた。この修行によって，女性は東洋と西洋の両方で教えることができるようになり，それによって釈迦の教えの保存と普及に貢献することができるようになるのである。女性が強くなり，教育を受け，宗教を含むすべての分野に関われるようになった世界では，女性教師の育成が重要である。尼僧が学者とヨギーニ（女性のヨガ行者）を兼ねるようになれば，女性だけでなく男性にもインスピレーションを与える存在になるであろう。

　僧院にいる200人以上の尼僧はネパール北部から来たが，多くはチベット，インド，ブータンからも来ている。アジア諸国や欧米の尼僧が滞在することもある。

## シュリー・マンガル・ドヴィプ・ボーディングスクール（ネパール）

　リンポチェはヒマラヤの文化を守るため，800人以上の学生に無料で現代教育を行っている。

　タング・リンポチェは，1987年にシュリー・マンガル・ドヴィプスクール（SMD）を設立した。これは，ネパール北部のヒマラヤ高地の子どもたちの多くが，清潔な水と食べ物という人間の基本的な要求さえ満たしていない状況で，無料で教育を提供することを目的としている。

　SMDスクールは，ネパールのカトマンズ中心部から北東に約10km，世界遺産であるボダナートの仏塔の近くに位置している。5歳から20代前半までの500人以上の生徒に対し，プリスクールから10年生までの教育を行っている。残念ながら，同校は過密状態にあるため，11年生から12年生の生徒には居場所を提供することができない。しかし，上級生のうち約25人は，他の場所で教育を受けながら，SMDに残り，管理，教育，指導の職に就いている。70名以上の卒業生が奨学金を獲得し，世界中の私立学校で高校卒業資格を取得している。

　SMDは，1年365日，山村から300人以上の寄宿生を受け入れて教育している。日曜日から金曜日までは，カトマンズ渓谷のタング・タシ・チョリン僧院の尼僧や僧侶を含む約200人の通学生が参加している。この学校では，100人近い教員とサポートスタッフに研修と雇用を提供している。

　子どもたちは，ラマ語（チベット語）やヒマラヤの文化を学びながら，豊かな世俗的教育を受けることができる。授業は英語で行われ，現在のネパール政府の学校のカリキュラム（数学，科学，英語，ネパール語，社会科，コンピューター学習）に沿って行われる。この学校の設立と目的のために重要なことは，生徒が日々の祈祷と瞑想を含めて釈迦の教えを授かることである。

　若い僧侶や尼僧は，もっと厳しいスケジュールをこなす。彼らは，一日の終わりに僧院に戻ると，仏典を学び，修行と法要を習得する。

## SMD 青年僧院分校 (ネパール)

　タング・リンポチェは，2002年に若い僧侶のためのシュリー・マンガル・ドヴィプ分校を，ナモ仏の聖地であるタング・タシャンツェ僧院に設立した。現在，100人以上の生徒と12人の教師がおり，チベット語，英語，ネパール語の一般教育 (1〜6年生) と，ダルマに関するセッションを含む宗教と文化の学習を行っている。聞く，考える，瞑想するといった僧院での修行に加え，ラマ僧の舞踊，法要の慣らし，詠唱，楽器演奏，チベット語の綴り，文法，暗誦なども学ぶ。修行課程を終えた若い僧侶は (知的能力，準備，学力に応じて)，高等仏教の学修を続け，予備的な修行や教育をする機会が与えられる。

## 高等仏教教育と瞑想

　リンポチェは，インドのバラナシにある，より高等な仏教学を学ぶためのヴァジュラ・ヴィディヤ研究所の創設者である。現在，リンポチェは200人以上の僧侶に教育，食事，宿泊を無償で提供している。僧院 (シェドラ) に在籍する僧侶は，13年間の伝統的なプログラムに従い，仏教の哲学，論理学，討論，文法，詩に関するカギュ派の系統の五大聖典を学ぶ。シェドラの学生には，海外からの男性も女性も含まれている。毎日の祈祷に加え，月に数回，チベットの太陰暦に合わせて僧侶が集まり，プージャ (儀式的礼拝) を行う。毎年，ヘーヴァジュラとマハーカーラの拡張プージャも行っている。毎年冬になると，タング・リンポチェは西洋人のための2週間の法話プログラムであるヴァジュラ・ヴィディヤ・セミナーを開催している。この研究所は長年にわたり，「カギュシュドラ」と呼ばれる，僧院のカギュ派の僧侶が毎年1カ月にわたって行う学修と論理的な討論のプログラムをはじめ，多くの会議やラマ僧の集まりを主催してきた。

## 比丘，比丘尼，留学生のためのタング・セカール・リトリート (瞑想) センター

　このセンターは，2004年に保護施設の主であるケンチェン・タング・リンポチェによって設立され，タング僧院のラマ僧が3年3カ月の伝統的なリト

リートを行うために選ばれた主要なリトリート会場として機能している。ミラ
レパがマルパ・ロツァワのもとで苦難の修行をした際に建てた有名な塔にちな
み，タング・リンポチェはこのリトリートを「セカール」と名付けた。

　ケンチェン・タング・リンポチェは定期的にリトリートセンターを訪れ，参
加者にパワーと指示を与えている。

　タング・セカール・リトリートセンターの教法の活動は，ドゥルポン・ケン・
リンポチェが監督しており，衆生と仏法のためにリトリートセンターの範囲を
さらに広げるために，さまざまな取り組みを導入している。あらゆる国籍や背
景の学生を対象とした6年間のリトリートプログラム，リトリートセンターで
育つ多くの子どもたちやチベット語に堪能な海外からの参加者のための21年
間および26年間の学習プログラム，チベット語の古い仏典を中国語，英語，
その他のヨーロッパ言語に翻訳するマルパ翻訳協会，毎年開催されている志あ
る参加者のための1週間の公開リトリートなどが含まれる。これらの活動は，
リトリートセンターの主な焦点であるタング僧院のラマ僧のための伝統的な3
年3カ月のリトリートプログラムと並行して行われている。


## リンポチェがネパールでパンデミックと災害時に行った人道的活動
### (1) COVID- 19 パンデミック救済プロジェクト 2020-2021

　ネパールは世界で最も貧しい国のひとつであり，政府によって課せられた
COVID-19のロックダウンは，世界で最も厳しく，最も長く続くもののひとつ
であった。ネパールは2020年3月24日に初の全国的なロックダウンを実施し
（6カ月間継続，その後4カ月間の2度目のロックダウン），全住民に厳格な自宅待
機を義務付け，すべての学校と職場を閉鎖し，道路の交通も完全に遮断した。
その結果，人々の生活に及ぼす波及効果は日に日に大きくなっていった。危機
に対応するための政府の資源は非常に限られていた。すると，たちまち食糧難
に陥り，多くの人が餓死寸前となった。さらに，ネパールの多くの地域で洪水
や地滑りが発生し，状況はさらに悪化していた。

　このネパールの混乱の中，タング僧院はアチャリヤ・パサン・ワンディ・シェ

ルパとラマ・カムスン・ツェワンの指導のもと，7つのプロジェクトを立ち上げ，全国に救援活動を展開した。

　本章では，各プロジェクトの詳細をまとめた。

**プロジェクト 1：2021 年，ナモブッダ地区における飢餓救済プロジェクト**

　当初，ロックダウンは短期間で終わると思われていたが，何カ月も何カ月も続いた。ナモブッダ僧院の周辺に住む村人たちは，建設作業やポーター，運転手，農作業などを生業とする日雇い労働者の収入がゼロになったこと，道路や高速道路，公共交通機関が半年以上全面的に閉鎖されたことで，食糧不足に本当に苦しむことになったのである。また，当時は政府からの援助が全くなかった。

　ナモブッダ地区は，40 の村を含む 11 の区からなり，総世帯数は 1,700 世帯である。僧院の代表者が市長に会い，僧院の限られた予算を説明し，最も援助を必要としている世帯に援助を与えるためにどのように調整すればよいかを尋ねた。市役所は，当時最も必要としていた 700 世帯を提示した。

　ロックダウン中は，支援者を含むすべての人が歩き回ることができないため，住民を助けようとすることは非常に困難であった。また，自動車やバイクの運転も禁止された。市内の道路を移動するためには特別な許可が必要だったが，道路使用許可の申請・取得は決して容易ではなく，非常に時間がかかるものであった。幸いなことに，僧院は市と連携し，正式なナンバープレートを持つトラック 1 台で町から村へ食料物資を運ぶことを了承してもらった。

　輸送の問題は解決したが，僧院はさらに，誰も外に出て働くことが許されないため，数百キロの荷物をトラックに積み込む作業員がいないことが課題となっていた。町に物資を取りに行くことを許可された 3 人の僧侶は，自分たちだけでトラックを運び，積み込まなければならなかった。モンスーンの季節らしく大雨が降っており，食料を濡らさないようにしながらトラックに積み込むのはかなり困難な作業であった。

　トラックは一度に 150 袋の米しか運べず，さらに 30 トンのレンズ豆，米，塩，

写真 2-1

写真 2-2

写真 2-3

**写真 2-4**

油などの食料を輸送する必要があった。このトラックで，僧院までの坂道を 7
回にわたって食料品を運んだ。最後に，僧侶たちが総出で 700 世帯分の配給品
として個包装を作った。

　各世帯には，それぞれ米 30kg，レンズ豆 5kg，塩 1 パック，食用油 1 リッ
トルの食料を提供した。自治体政府の協力のもと，各区の要所要所で配給が行
われた。長期にわたるパンデミック封鎖で困難な時に食料品を受け取った人々
の顔には，喜びと笑顔が見られた。

　写真 2-4 に写っているのは，コロナ・パンデミックによる危険な状況にもか
かわらず，無私の心でこのプロジェクトに献身したラマ・カムソン・ツェワン
師とアチャリヤ・パサン・ワンディ師である。ここには，自分たちだけでなく，
奉仕する人々を守るために，安全対策に万全を期している姿が見られる。

**プロジェクト 2：2021 年，ネパール政府へ救命用の酸素濃縮器の引き渡し**
　デルタ株による 2 度目の全国規模のロックダウンの 4 カ月間，ネパールでは
酸素呼吸器の不足で多くの人が亡くなった。病院のベッドはすべて COVID-19
の患者で埋め尽くされていた。病院の外には，治療のために多くの人が列をな
して待っていた。人々は息もできないような状況で，本当に心が痛んだ。ウイ
ルスの感染が急速に進み，多くの人が重症化したため，病院のベッドがすべて

写真 2-5

写真 2-6

埋まってしまったのだ。病院の廊下で，駐車場で，車の中で，病人や瀕死の人が横たわって，治療を待ってその時に最も必要とされたのが，酸素ボンベと酸素を投与するための医療機器であった。カトマンズをはじめ，ネパール全土の病院が酸素不足に陥っていたのだ。酸素の需要は高く，政府は人々の需要に応えることができなかった。酸素ボンベの仕入先はどこも品切れだった。同時に，恐怖のあまり，病気でもないのに，将来のために酸素ボンベを買い求める人も出てきた。酸素供給会社は酸素を買い占め，投機までしていた。そのため，国内では酸素ボンベの不足がさらに顕著になった。

　人々はいたるところで酸素の奪い合いをしていた。5kg の酸素は 2 時間，10kg は 4 時間，20kg は 8 時間しか持たない。ボンベが空になると，すぐに生死の境をさまようことになる。充填所には長い長い列ができ，インドから酸素を輸入しなければならないため，常に酸素が不足している所もあった。インドもパンデミックによって深刻な問題を抱えており，酸素を必要としていた。ネパールには自前の酸素製造プラントがなく，酸素の供給は完全にインドに依存していた。

　このような問題を目の当たりにした僧院は，この非常に困難な状況を解決するために，最善の方法を探るべく研究を重ねた。大気中の酸素を吸収し，ろ過して浄化した後，この救命酸素を直接患者に投与することができる酸素濃縮装置を見いだしたのである。僧院では，ネパールで酸素濃縮器を探そうと，カトマンズのすべての医療店に必死で問い合わせたが，ネパールには 1 台もなかった。しかしその後，酸素濃縮装置は，中国から取り寄せられることが明らかになった。ネパールのメディカルショップの価格を中国の価格と比較すると，現地価格は中国の機器の 4 倍以上であることが判明した。そこで計画を見直し，酸素濃縮装置を中国から直接購入することに挑戦することにした。

　中国や香港の人脈や友人が，自ら市場へ足を運び，ネパールにこれらの救命具を輸出する可能性を調査した。中国から酸素濃縮装置を購入することは問題なく，供給もほぼ無制限であったが，中国からネパールへの輸送はロジスティックス上，困難なものであった。パンデミック時に，中国からネパールにどうやってこれらの機器を運べるのだろうか。当時，定期航空便はすべて欠航し，宅配便のサービスもなかった。海運も考えられるが，ネパールは内陸国であり，海運はインドのコルカタ港を利用する。3 カ月もかかるとなると，この緊急事態にはとても間に合わない。別の可能性を模索する日々が続いた。

　中国の僧院の友人が北京のネパール大使館を訪れ，中国からネパールへの酸素濃縮器の輸送を手配しようとした。ネパール大使に会うと，熱心に協力してくれることになった。大使がネパールの保健人口省と連絡を取り，ネパール航空が中国にチャーター便を出し，酸素濃縮器をネパールに輸送することが決

まった。

　中国から注文した 200 台の酸素濃縮装置は，2 クロー（2,000 万ネパール・ル
ピー，16 万 5,000 ドル）相当だった。機内の座席をすべて取り払ってスペースを
確保し，僧院が購入した酸素濃縮器に加えて，僧院の取り組みに共鳴した他の
NGO からも寄付があり，ネパール航空のカトマンズ空港行きの便に合計 1563
台の酸素濃縮器が持ち込まれた。これを可能にした，ネパールの保健人口省と
北京のネパール大使館に感謝せずにはいられない。

　飛行機がネパールに到着すると，僧院の代表者と他の NGO の代表者が空港
に出向き，救命具を受け取った。この救命具はネパール政府に渡され，カヴレ，
オカルドゥンガ，ラメチャップ，サプタリ，シラハ，マホッタリ，サルラヒ，
ラウタハット，パルサ，バラの 10 地区で配布された。各地区に 20 台の酸素濃
縮器が配られた。この酸素濃縮装置によって，パンデミック時に多くの人命が
救われたことが期待される。写真 2-6 は，ネパール保健省に酸素濃縮器を届け
るアチャリア・パサン・ワンディ師たちである。

### プロジェクト 3：カトマンズにおいてホームレスや貧しい人々に 1 カ月間，無料の温かい食事のセットを配布

　COVID-19 の大流行により，カトマンズの多くの貧困層やホームレスの人々
は，食料不足により生活の維持が困難な状況に直面した。このような人たちの

写真 2-7

写真 2-8

写真 2-9

写真 2-10

多くは，路上やレストランでの物乞いによって自分と子どもを養っている。しかし，封鎖期間中は，路上で施しをする人がいなくなり，残飯を配るレストランもすべて閉まってしまった。

　この貧困層は，コンロや調理器具を手に入れることができないほど貧しい状態にある。僧院は調理スタッフを雇い，6 月 15 日から 7 月 15 日までの 1 カ月間，パシュパティ，ブーダ，ジョルパティの地域で毎日 600 人に対し，調理した食事と飲料水を包装して布した。

　パシュパティには，一回の食事をするために，遠方から徒歩でやってくる人も多く見受けられた。中には，配布場所まで歩いてこられない子どものために，包装容器を追加してほしいという声もあった。地域のパートナーが呼びかけたボランティアグループ「100 人の会」を中心に，「温かい食事プロジェクト（Hot Meals Project）」で食材の準備，包装，配給を行った。

　僧院の資源が限られていたため，1 カ月間しか温かい食事を提供できなかったが，他の NGO や個人・家庭でも僧院の活動に触発されて，その後数カ月，現在に至るまで，これらの場所で困っている人々に毎日温かい食事を提供し続けることができた。

## プロジェクト 4：ゴルカ郡ヌブリ村へ酸素や医療の機器を提供

　2021 年 6 月，標高 3,500m 以上の高山で，酸素やマスク，除菌剤，薬などの医療器具が手に入らず，COVID-19 で多くの人が亡くなっていることが，ニュースや新聞で報じられた。そこで僧院は，酸素ボンベや手袋，マスクなどの機材を，ヒマラヤ山脈の奥地にあるアクセス困難な村々に届ける手配をすることにした。こうした土地へは，道路がないため，通常トレッキングやラバで行くしかない。また，モンスーンの季節には，2 週間も止むことなく豪雨が降り続き，地滑りが発生し，歩道がすべて流され，これらの村への外部からのアクセスはさらに困難なものになってしまった。

　2021 年 7 月，アチャリヤ・パサンとラクパ・ツェリンは，最寄りの病院まで 3 〜 7 日歩かなければならないゴルカのヒナン村とプロク村の人々に，緊急

**写真 2-11**

**写真 2-12**

用の酸素と医療機器を届けた。高山の集落で酸素不足になり，死者が出たといっニュースが届いた。ヒマラヤ山脈の高地へ行くには，他の交通手段がないため，ヘリコプターをチャーターするしかなかった。

　そこで，カトマンズからゴルカまでヘリコプターをチャーターし，非常に厳しい天候の中，すべての救急医療機器を輸送した。ヘリコプターには，酸素濃縮器，酸素ボンベ，マスク，医薬品が詰め込まれた。カトマンズから 40 分の恐怖のヘリコプターフライトの後，村人全員が伝統的なスカーフやお茶，地元のヤクのミルクをボランティアに提供し，喜んで待っている姿は感動的だっ

写真 2-13　　　　　　　　　　　写真 2-14

た。これらの村はとても辺鄙な場所にあり，政府から何の援助も受けていな
かったのである。僧院に感謝するあまり，感慨深げに涙する村人もいた。これ
はとても感動的な体験だった。

　写真 2-14 は，アチャリヤ・パサンとラクパがブロック村に医療機器を届け
ているところである。下の写真は，プロジェクトチームがヒナン村の人たちに
医療機器を手渡しているところである。

### プロジェクト 5：マナン地区への災害支援プロジェクト

　マナンへの災害支援も，タング僧院の緊急対応プロジェクトであった。2021
年 6 月 14 日，モンスーンの豪雨による洪水と地滑りがマナンのいくつかの集
落に大きな被害を与え，多数の家屋が破壊され，数百人が避難した。地滑りに
よって道路や遊歩道が損壊し，しばらくの間，陸上輸送が不可能になった。

写真 2-15　　　　　　　　　　　写真 2-16

写真 2-17　　　　　　　　　　　　写真 2-18

　チャメ村やナル村，フー村の人たちは，食料が足りなくなった。そんな中，食料を届けるにはヘリコプターをチャーターするしか方法がなかった。早くから政府から食糧援助を受けていなかったため，僧院のマナン地区への食糧援助プロジェクトはすぐに開始された。カトマンズの僧院からラマ・ダワ・タシとニマ・ダンドゥルの2人の僧侶がベシサハルに派遣され，援助を届けるための手配をした。ベシサハルはマナン地区に最も近い町で，村から3日ほど歩いたところにある。食糧はベシサハルで購入し，ヘリポートのあるゲートウェイホテルに保管したことで，作業が可能になった。準備が整ったところで，カトマンズより近いポカラからヘリコプターをチャーターした。ベシサハルには給油所がないため，ポカラから陸路で燃料を運び，保管しておく必要があった。ヘリコプターのチャーターは非常に高額である。ベシサハルからチャメまでは7万ルピー（700米ドル），ベシサハルからナルとフーまでは10万ルピー（1,000米ドル）を支払うことでまとまった。標高が高いため，ヘリコプターが一度に持ち上げられるのは350～450kg程度だが，山村に届ける食料物資は1万kg近くあった。同時に，天候も非常に厳しかった。天気が良ければ3，4日で終わるところ，雨が降り続き，晴れるまで数日間任務が遅れ，全部で18日間を費やして完了した。あらゆる困難と大きなリスクにもかかわらず，僧院のマナン救済プロジェクトは，合計28回のヘリコプターの旅で完了した。米，油，塩，粉ミルク，卵，インスタントラーメンなど，1カ月分の食料を375世帯に届けた。

写真 2-19　　　　　　　　　　　　　写真 2-20

## プロジェクト 6：カトマンズの各地域の貧しい人々に対するパンデミック時の飢餓救済活動

　仕事を求めて地方から都市に移住してくる土地のない貧困層である国内経済難民へのパンデミック時の飢餓からの救済も，タング僧院が取り組んだ社会活動のひとつであった。カトマンズには，川岸に不法占拠して暮らす貧困層が多く，普段は工事現場や野菜カートの売り子，職人，リクシャやタクシーの運転手として働いているが，ロックダウンの間は収入源がなかったのである。僧院は，カトマンズのさまざまな地域に住む飢えた人々に 1 カ月分の食料を配給した。

　第 1 段階では，ナヤバスティの人々に食糧支援が届けられた。地元の青年部の協力のもと，450 世帯の貧困家庭の名簿を集めた。この人たちには，配布のために地域のサッカーグラウンドに集まってもらった。米，卵，食用油，塩，

写真 2-21　　　　　　　　　　　　　写真 2-22

写真 2-23　　　　　　　　　　　写真 2-24

砂糖などが配布された。各家族に米 30kg，卵 1 箱，油 2ℓ，塩 1kg，砂糖 1kg
が配られた。

　第 2 段階では，カトマンズのタパタリで同じような状況で暮らす人々に食料
援助を届けた。これらの貧困層は，川沿いの国有地に住んでいる。彼らの多く
は，平時には建設現場で日当をもらって働く非正規労働者である。僧院は，タ
パタリの 350 世帯に食糧を配給した。各家族には，米 30kg，卵 1 箱，油 2ℓ，
塩 1kg，砂糖 1kg が配られた。

　第 3 段階として，カトマンズのジャディブティ地区に住む貧困層の人々に食
糧を届けた。300 世帯に食糧が配給された。各家族には，米 30kg，卵 1 箱，

写真 2-25

写真 2-26

油2ℓ，塩1kg，砂糖1kgが配られた。

　第4段階として，カトマンズのゴカルネショーの貧しい人々に食糧を届けた。僧院では，60世帯の貧しい人々に配給品を配った。各家族には，米30kg，卵1箱，油2ℓ，塩1kg，砂糖1kgが配られた。

**プロジェクト7：シンドゥパルチョークの公立学校にコンピューターと図書を寄贈**

　2021年11月，カトマンズから車で5時間，中国との国境に近いシンドゥパルチョーク郡プルピンカティ村のシュリー・セティ・デヴィ・パンチャカンヤ

写真 2-27

写真 2-28

　小学校に，パソコン 6 台，プリンター 1 台，電源バックアップバッテリー 2 台，図書 300 冊，バスケットボールやサッカーボール，バドミントンラケットなどのスポーツ用品を寄贈した。以前は，学校には図書館もコンピューターもなかった。ネパールの遠隔地の村では，通常，生徒がコンピューターを学ぶ機会がないため，僧院は，生徒が現代の教育に必要なコンピューター技術を学べるように，遠隔地の学校にコンピューターを寄贈することにした。以前はプリンターもなく，生徒たちは片道 3 時間かけて山を登り下りし，学業や試験で使う書類を印刷したり，コピーしたりしていた。このような遠隔地では電流が非常に不安定なため，バックアップ用の電源バッテリーは不可欠だった。また，コンピューターを学びたい村の人なら誰でも無料で利用できるようにしている。アアチャリア・パサン・ワンディと村の区長がコンピューター室と図書館の落成式に出席し，ウメシュ・バスネット校長への機器と本の受け渡しに立ち会った。

## 第 2 節　タング・タラ僧院の社会活動
　タング・タラ僧院は，1991 年に仏教の尼僧のために，駆け込み寺の山主であるケンチェン・タング・リンポチェが設立した寺院で，仏教，哲学，瞑想などあらゆる修行を受けることができるようになっている。この尼僧院は，釈迦

の教えに従って教義と戒律を守っている。また，尼僧院は檀信徒が「功徳を積む場」で，檀信徒の男女は僧院の生活を支えることで功徳を積む機会を得ることができる。

　尼僧院は，教育，心身の健康管理，環境保護など，基本的なニーズを満たすことで，より良い社会づくりに大きな役割を担っている。

　この尼僧院では，4つの分野で教育が行われている。

① タントラ教育：尼僧院では，チベット語の読み書きなどの予備学習から始まり，タントラの教義や儀式を学ぶタントラ教育が行われている。尼僧たちは，バター彫刻，トルマ（儀式に使うケーキ）作り，各種太鼓，リードトランペット，ロングホーン，シンバルなどの儀式用楽器の鳴らしものなどの指導を受けている。尼僧たちは，チャクラサンヴァラ，ヴァジュラヴァイ，アヴァロキテーシュヴァエの3大タントラのサイクルやその他多くのタントラの指導を受けている。

② 高等仏教学：尼僧院では，12年間の伝統的なプログラムに従い，カギュ派の系統の主要なテキストに続いて論理，討論，文法，詩を学び，考察し，瞑想する僧院の大学が設えている。

③ チベット医科大学：この尼僧院では，「チベット医学四大タントラ」を理論的・実践的に学ぶ5年制のチベット医学教育が行われている。

④ 世俗的な教育：尼僧院では，若い尼僧たちがタング・リンポチェの子どもたちのための学校に通い，世俗的な教育を受ける機会も提供している。

　よりよい社会を実現するためには，そこに住む人々が心身ともに健康でなければならない。そのため，尼僧院では，チベット漢方医学と鍼灸治療を行うタング・タラ尼僧院診療所で，人々の身体的な健康管理をしている。クリニックは，チベット医学の医師である2人の尼僧と，現在チベット医科大学に通う9人の尼僧が協力して運営している。尼僧たちは自分たちで薬を作り，時には遠隔地の村々を訪れ，薬や鍼を無料で提供することもある。

　テクノロジーの時代，身体は元気でも，心のケアが不足して悩む人は少なくない。人々が適切なメンタルケアを受けることは必要不可欠である。尼僧院はマナンにリトリートセンターを持ち，伝統的な 3 年 3 カ月のリトリートを提供している。この間，尼僧たちは，心の平安[5] を妨げる煩悩と闘うために，ナロパとマハムドラの 6 つのヨガを実践し，瞑想するよう指導される。

　尼僧院は教育や医療を提供するだけでなく，4 つの主要な活動を通じて環境の保全と保護に努めている。

① 尼僧院での野菜や果物の植え付け：尼僧院は美しい庭園と木々に囲まれ，キャベツ，大根，ほうれん草，コリアンダーなど，さまざまな種類の野菜を栽培している。尼僧たちは，アボカド，梨，グアバ，桃など，たくさんの果物も植えている。

② プラスチックの使用制限：尼僧院では，ビニール袋の代わりに再利用可能な袋を使うことを推奨している。月に 7 ～ 8 回行われる「プジャ」の供物（ツォク）に，チョコレートやビスケット，チップスなど，プラスチックで覆われた食品を入れることを禁止しているという。

③ 環境の浄化：尼僧院では，リユース，リデュース，リサイクルの 3 つの「R」に基づいて廃棄物を管理している。尼僧たちは週 2 回，尼僧院周辺の清掃を行い，時には近隣地域やスワヤンブ周辺の清掃も行い，地域社会への意識付けを行っている。

④ 節水：尼僧院には，雨水を貯留するための 1,500 リットルのドラム缶が 3 つある。尼僧たちは，雨水を洗濯や庭の水やり，排水やトイレの掃除に使うことで，数百リットルの水を節約している。

## 第 3 節　シェチェン僧院

　チベットのニンマ派[6] 六大寺院のひとつであるシェチェン僧院は，1950 年代

---

5)　ナロパの 6 つのヨガは，カギュ派の系統における特殊な瞑想の修行法である。
6)　チベット仏教の一派。

後半に破壊された。亡命中のディルゴ・キェンツェ・リンポチェは，ネパールのボドゥナートの仏塔近くの壮大な僧院に，母なる僧院の哲学的，瞑想的，芸術的な伝統を維持することを願い，シェチェン僧院の豊かな伝統を新しい拠点に移した。

　1980年，ディルゴ・キェンツェ・リンポチェは，カトマンズ渓谷にシェチェン・テンニ・ダージリン僧院の建設を開始した。約10年間，石工，彫刻家，画家，金細工師，仕立て屋などの名工たちが，この僧院をチベット芸術の最も美しい例のひとつにするために努力した。

　現在のシェチェン僧院の住職は，シェチェン・ラブジャム・リンポチェ7世である。ヒマラヤ山脈全域から集まった約450人の僧侶がここで学び，生活している。仏教哲学のほか，音楽，ダンス，絵画など，生き生きとした教育を受けている。

**シェチェン研究所 (シェドラ)：**

　1989年，ラブジャム・リンポチェは，僧院内に「シェチェン高等仏教研究所」(哲学の大学またはシェドラ) を設立した。9年間のカリキュラムには，ヒマラヤ各地から130人以上の学生が在籍している。この研究所の卒業生の多くは，世界中で教師として活躍し，人類に貢献している。

**科学に焦点を当てる：**

　シェチェン僧院では，年間を通じて一般向けのイベントを開催し，地域社会の精神的なニーズに応えている。毎年夏には，釈迦の時代から行われている伝統的な夏の静養 (ヤーニー) に参加する。インドのダルサラで行われている「僧侶のための科学」プログラムに参加している僧侶もおり，2012年秋，シェチェンはこのテーマを探求する会議を開催した。

**ツェリン芸術学校：**

　「ツェリン芸術学校」として知られるシェチェン伝統芸術研究所は，1996年

にシェチェン・ラブジャム・リンポチェによって設立され，近隣のネパール・シェチェン僧院の敷地内に設置されている。同研究所は，本格的なヒマラヤの仏教芸術の保存と継承に貢献することを目的としている。この学校の主な役割は，仏画であるタンカの純粋で本物の系統を持つ若いアーティストを育成することである。タンカとは，仏教徒が瞑想する際に用いる絵の掛け軸のことである。現在では，縁起の良い飾りとして家庭にも置かれている。コンチョグラや同校の卒業生アーティストの指導のもと，6 年間このスタイルで修行する。

　学生は，地域社会や海外から集まった僧侶，尼僧，檀信徒の男女である。あらゆる立場の人がこれらの技術を習得できるよう，学費は最低限に抑えられている。2012 年春，ネパールで美術学校の歴史と作品を紹介する大規模な展覧会が開催された。

**シェチェン・エコ・グループ：**

　シェチェン・エコ・グループは，2011 年 11 月に設立された。僧院の内外において，環境に配慮した持続可能な活動を推進することを目的としている。

　ネパールのシェチェン僧院で，シェチェン僧とボランティアが発起人となり，「シェチェン・エコ・グループ」を設立した。同グループは，僧院内の廃棄物や公害を減らすための取り組みを実施している。また，地震に備えた訓練も推進しており，2015 年 4 月に発生したマグニチュード 7.9 の地震では，最も困っている人たちに迅速な支援を届けるために，この活動を実行に移した。

**シェチェン・マハブダ・ヴィディラヤ：**

　シェチェン・マハブダ・ヴィディラヤは，SMBV トラストのもとで運営されている革新的な僧院の学校である。このトラストは，一般的なニンマ派の伝統を守り，特にシェチェン僧院のユニークで並外れた伝統を強化し，繁栄させるという，キャーブチェ・ディルゴ・キェンツェ・リンポチェとその霊的後継者であるラブジャム・リンポチェのビジョンを実現するために設立された。

　この学校の目標は，リーダーシップと精神的・人格的な成長を促し，仏教の

原理に忠実で，創造性に富み，社会的責任を果たし，心優しい人物を育てることである。

　この学校では，仏教教義に現代的な教育を組み合わせて提供している。この一貫したシステムは，集中的な修行を通じて若い僧侶の知識と精神性を育成する。カリキュラムは学生志向であり，そのため，刻々と変化する21世紀の社会で成功するために，学生一人ひとりの潜在能力を最大限に引き出すことを目的としている。シェチェン・マハブッダ・ヴィディラヤは，自らを律し，やる気と自信を持ち，社会の向上に貢献する人材を育成することに力を注いでいる。

**高齢者向け施設：**

　シェチェン僧院は，聖地であるカヴレのナモブッダに高齢者のための施設を設立した。高齢者の晩年をより良いものにするために，デザイン性に優れ，公害のない穏やかな環境が整えられている。そこでは，定期的に健康診断が行われ，食事や衣服が提供される。

**シェチェン・リトリートセンター：**

　シェチェン僧院は，ネパールのカヴレにあるナモブッダにもリトリートセンターを設立している。このリトリートセンターは，3年または4年の長期リトリート（チャム）を希望する僧侶のために作られたものである。そこでは，神聖な仏教の瞑想法が教えられ，実践されている。リトリートセンターでは，短期間のリトリートも可能である。

## 第4節　デ・アチャリヤ・グティ

**ネパール曼荼羅におけるヴァシュラヤーナ社会実践の伝統へのユニークな適用**

　ここでは，ネパール曼荼羅のヴァシュラヤーナ仏教であるジナ・サンガ・マハビハーラを中心に，ネパールのヴァシュラヤーナの伝統であるソーシャル

ワークのいくつかの要点を紹介する。

テーマⅠ：ネパール曼荼羅には，伝統的な修行を強調することを目的とした
「ヴァシュラヤーナ・ソーシャルプラクティス（金剛乗の社会的実
践）」という独自の伝統がある。残念ながら，マハビハーラの伝統
に由来するルーツの部分が弱くなってしまっているので，その伝統
的なルーツをもう一度見直す必要があるのではないだろうか。現代
は枝葉が重視され，源流・根幹が軽視され，忘れられている。

テーマⅡ：21 世紀における宗教間の調和，それはすべての宗教が社会にもた
らす直接的な利益をより明確に見ることを目的としている。すべて
の宗教が集まって宗教的調和を図り，「世界の慈愛と平和のための
宗教間および普遍的責任」という共通のメッセージを訴える必要が
ある。

テーマⅢ：グローバルファミリーの存続のために，伝統的な金剛乗の仏教を保
護し，保存する必要がある。エコツーリズムや巡礼ツーリズムを推
進するとともに，人間の生命を維持する環境の重要性をより深く認
識させることを目的としている。

## 概　　要

　21 世紀は近代化の時代であり，科学的発見，開発，実験の時代である。科
学者たちは，私たちの世界を超えて，宇宙へ宇宙飛行士を送り出した。これら
の進歩は，人類と平和のために使われなければならない。

　金剛阿闍梨とは，金剛乗の哲学者・修行者である導師のことである。彼らは
物理的に宇宙へ行ったことはないが，彼らは金剛乗仏教とその哲学を実践する
方法によって，常に法界において宇宙の中にいるのである。彼らは皆，ネパー
ル曼荼羅のシッダ（完成した者）である。これらの宗教指導者は，他者の利益の
ために人生を捧げているのである。

　コロンブスがアメリカを発見する以前に，ネパール曼荼羅は発展し，完全に

文明化し，その人々はリチャビ時代に黄金期を迎えていたのである。

　ネパールは，その歴史の中で，釈迦と多くの菩薩の生誕地という名誉を持っている。七仏のうち，四仏が生誕地である。

　仏教の歴史的伝統，仏陀と菩薩の世代は，将来仏陀になることを誓い，パンチャダンという最も重要な伝統を与えたディパンカラ如来の時代からもつながっている。

　パンチャダンは，ダシャパラミタ（「十波羅蜜」）の最初の修行，あるいは最初の完成を意味する。十波羅蜜（布施＝寛容，持戒＝徳行，忍辱＝忍耐，精進＝努力，禅定＝瞑想，智慧＝知恵，力＝エネルギー，方便＝方法，願＝祈り，智＝知識）[7]の中で最も優れた例である。

　グンラガ・トレイオダシ（13日目の闇夜）に，弟子や在家の僧侶のために一握りの供物を捧げて祝うのである。これは今日までネパールで継続的に毎年祝われている。

　また，ネパールでは，仏教の文化や伝統を称えるために，年間を通して全国で100以上の仏教のお祭りが行われている。ネパールでも，クリヤ（努力），チャリヤ（実行），ディヤーナ（瞑想），サマディ（瞑想的意識），ヨガ，プラーシャラン（詠唱），ヨガヌッタラまたはアヌッタルヨガ（最高のヨガタントラ）として一日中マハビハーラ（僧院）や自分の家の中で日常の仏道修行を守り従っている[8]。ネパール曼荼羅の仏教の生活におけるこれらの活動により，ネパールには古代から現在に至るまで，釈迦，仏教そして仏道修行の輝かしい歴史が連綿と続いているのである。

## 仏教の歴史とその起源

　仏教の真理の智慧は，生物，人類，宇宙をより良くするために，自然を基本

---

7)　このパラグラフに含まれる仏教用語は，ネパール語の転写と発音にしたがって編集されている。　基本的に，仏教哲学とその関連分野では，これらの用語は（英語で）寛大さ，道徳的行動，捨身，智慧，　エネルギー，忍耐，真実，献身，慈愛，平静として認識されている。

8)　この文章中の用語は，ネパール語の発音に合うように調整している。

とした中道である。仏教のすべての智慧を獲得した人が仏になるのである。仏はサルバーギャ（一切智）としても知られている。サルバーギャは，自分が得たもの，あるいは達成したもの以上に，学ぶべきものはない。

ネパール曼荼羅が仏教の起源ともいえる位置付けであることは，古代の神話史である『スワヤンブ・マハプーラナ』のテキストが証明している。そこには，ヴィパッシー仏の時代，サティヤユガ期から続く，仏と仏教の長い歴史がある。

釈迦の時代から21世紀まで，彼の説法や講話は「仏教の次の名前は平和，繁栄，健康，慈悲である」ことを証明し続けてきた。

また，仏教が単なる宗教ではなく，一切衆生と法界を科学的にリードするプロセスであることを証明している。

## 古代の仏教

声聞乗，縁覚乗，菩薩乗の三派からなる三乗には長い歴史がある。現在では，その伝統と修行は，3つの大きな乗り物と同一性がある。上座部仏教，大乗仏教，金剛乗仏教と呼ばれ，仏教哲学の思想のすべての段階を示している。しかし，「乗」は一般に3つの乗り物として知られている。これらの乗り物（派）は，大別すると，焦点の置き方と，より微妙な解釈の違いによって区別することができる。

    a)　上座部仏教

    b)　大乗仏教

    c)　金剛乗仏教（タントラ思想）

    d)　金剛乗仏教の導師による「デ・アチャリヤ・グティ」（年次集会）で決められた方法を用いて，社会的責任を伴う金剛乗の修行を行う。

異なる神々や女神のムルティーズと呼ばれる姿（デヴ・デヴァタ）は，ヒンドゥー教のデヴァターやデーヴィーとは異なるものである。ムルティーズは，他の宗教のように神や女神（Deities）の化身や最高権力を持っているわけではないが，代表的な教学的素材として崇拝されているのである。それらは，すべての人間や人類のための教え，試み，実践，実施を表している。それは，あら

ゆる面で仏教の完全な適合であり，グル（教師）とシスヤ（弟子）との継続的な関係である。

弟子たちは，先生の前で完璧に観察や，評価をされ，仏教の発展のために変化し，成長するのである。金剛乗の檀信徒は大乗の哲学的教義をはじめ，その他の多くの教義を用いるため，マハヤナヴァジュラヤーナと称されている。

ヴァシュラヤーナは，大乗から派生した大乗仏教哲学の応用，発展，グレードアップした高等教義であり，大乗と最も密接な関係にありながら，生活に最も実践的，応用的，利便的な応用方法を持つ一派である。

金剛乗はかつて「神秘で奥義な仏教」と呼ばれ，ネパール曼荼羅に由来し，現在もなおこれを用いてのみ実践されている。これは，釈迦より前に開発され，釈迦自身が再び発展させたものである。

金剛乗の一部であるタントリズムは，奥深い複雑なテーマである。これは悟りへの代替ルートであり，集中力を高め，特別な儀式を経て入門する必要があるが，加速度的に悟りを開く，おそらく一生涯で悟りを開く希望を与える，一種の精神的近道である。それは，より早く悟るためにスートラ（経典）を使うタントラの方法だからこそできることなのである。

金剛乗の檀信徒は，超俗的な存在に対して力を発揮し，最終的には自己を超越して神聖な存在として尊敬されるために，定型句，呪文，儀式，陀羅尼を用いることがある。

金剛乗仏教のタントラは，仏教哲学の理論を短く応用する技術を提供し，それをクリヤやチャリアなどの儀式的実践として表現している。金剛乗仏教の教義の師であるグルは，その知識を弟子であるシスヤに伝え，弟子たちをディヤーナ（瞑想），サマディ（自己接続），ヨガ，プラスチャラナ（詠唱），アヌッタヨガ（最高のヨガタントラ）の自己修練に参加させる。

この方法は，マントラとスートラが，人類の利益や啓発を実践するために，一音節，単語，全文章という構成になっているため，よりリスクの高いルートと言える。マントラとタントラのちょっとした間違いが，最も危険で，人類のシステム全体に害を及ぼすことがある。

　最近では，欧米をはじめ世界各地で，精神的な変容の状態を目指して神秘的な体験をするための修行である金剛乗修行におけるヨガの実践が，呼吸法を利用した身体運動のシステムにおいて，柔軟性の向上，バランスの改善，緊張の緩和，若返りの感覚を提供するヨガとして普及してきている。

　体の力を抜き，呼吸を整え，心を穏やかにすることで，精神的な効果も期待できる。金剛乗のタントラ・ヨガは，肉体的，精神的な鍛錬が必要である。精神と物質の二元性，分離は幻想であり，そのような妄想を超越して神との不可思議な一体化を目指すという原則に基づいている。

　ヨギによって，存在とは別の状態に移され，至福で究極な状態に到達する。彼らはシッダチャリヤ（悟りを開いた導師）として知られている。仏教のタントラ美術では，神と女神が性的な抱擁をする様子が描かれ，サンスクリット語でヘーヴァジュラ・ナイラトマと呼ばれる姿勢で，神との一体化を象徴的に表現している。

　東インドの仏教大学における金剛乗仏教の概念と実践は，少なくとも 8 世紀とされており，当時の翻訳が残されているが，理論やテキストの一部は数世紀前のものである。

## ネパールで大半が誕生した金剛乗仏教の哲学的な教義

　それらの思想や実践の影響は，7 世紀から 11 世紀にかけて全盛期を迎えた東インドの仏教の大僧院の大学に及んだ。仏教以外の宗教にも影響を与えたため，仏教だけでなく他の宗教の導師もマハシッダと呼ばれるようになった。そのような導師の一例が，有名なシッダチャリヤ・グルである。金剛乗タントリズムの研究者であるシッダハリヤ・グルは，その本質を本物の仏教とし，二元性の幻想や因果の相互作用の真実も含めて，万物の相互依存を肯定している。

　金剛乗はさらに，あらゆる手段として，「サルヴァ・プラカラン・ジャガト・ヒタエ」を用いて，自然や宇宙と共に一切衆生のために「ジャガタ・サットヴァ・プラニ・ヒタエ」を行い，誤解や妄想を断ち切ることによって，最も深い現実，現象の根本的統一を知覚できると主張している。

　タントラの教義は，三藐三菩提（悟りを開いた導師）であるために必要な仏教の教えに反する行い（食べ物，身体機能，性的な教育，そして魔術のような行為も含む）に言及している。金剛乗の修行は，直接的な意味よりも，むしろ象徴的に理解するのが最善である。

　象徴的に理解されるように，金剛乗仏教では，その修行にとって最も必要なことは，複雑な意味と修行を導いてくれるスピリチュアルなガイド，つまり，導師である「グル」を持つことだと強調されている。

　瞑想，そして何よりもマンダラは，超越的な理解や精神的な変容に到達するための鍵であり，瞑想のための偉大な手段であると考えられている。マンダラは，すべての金剛乗の修行のほとんどで，ヤントラ（装置または仕掛け）として使用されている。金剛乗仏教は，そのような教えを説きながら，彼らにとってプラスになるようなネガティブな使われ方をすることもある。このように，アニティア（無常），ドゥッカ（苦），アナートマン（無我）から解放され，悟りの境地に至るための仏教哲学の反療法が示されている。ネパール曼荼羅の実践における金剛は皆，社会的責任のひとつとして実践している。

　現在のカトマンズ渓谷に住むネワール人の伝統的な仏教は，金剛乗仏教の非常に古い形式である。このように，ネパール曼荼羅の金剛乗は，ネパール仏教乗の導師，そして，ネパールの伝統仏教としても有名である。

　かつてはもっと広く，南アジアを中心に東南アジアのカンボジア，ジャワ島，バリ島などにも伝わっていた。南アジアからチベット，中国，インド，ベトナム，韓国，日本へと伝わり，シルクロードを経由して，仏教が伝えられた。

　このように，金剛乗仏教はその起源から，ネパール曼荼羅のネワール民族の人々は，ランジャナー文字を使って，世界中の大乗仏教と金剛乗仏教の神々にオムマニペメフム（蓮華の宝珠に幸あれ）を書く伝統を有している。

　このようなマントラはランジャナ文字で書かれるのが一般的であるが，これはこの文字とマントラが仏教の主なマントラであり，グルマントラとして敬意を表すために使用されるからである。南アジアの大乗仏教と金剛乗仏教は，ネパールを除き，13世紀から14世紀にかけてほとんど消滅してしまった。北イ

ンドの僧院にある大学は，イスラム教徒の侵略によって略奪され，破壊された。
僧侶たちはネパールに逃げ，一部はチベットに逃れた。一方，スリランカや東
南アジアでは上座部仏教が栄えた。

### デ・アチャリヤ・グティ

　デ・アチャリヤ・グティは，ネパール曼荼羅の金剛乗の導師の伝統的な全国
仏教大会である。文字通り，Dé ＝国家，Acarrya ＝叙任・入門した由緒ある
導師，Guthi ＝大会での集まりや参加グループという意味である。

　プラブラジャ・アヴィセク（仏教の叙任）を受けた後，比丘となり，アチャリ
ヤヴィセロ（灌頂）／ヴァシュラヤーナ・アヴィセク（金剛乗灌頂）を受けた後，
ヴァシュラチャリヤとなる。金剛乗の導師とは，金剛乗仏教の最高峰の段階で
ある。ヴァシュラチャリアは，金剛薩埵を代表する存在である。そのレベルの
知識を持って初めて，デ・アチャリヤ・グティの会員になる資格がある。

　デ・アチャリヤ・グティには，大きく分けて3つの段階がある。それらは
カナ（国レベル），プイン（地域レベル），マハビハーラ（中央レベル）である。

　マハビハーラのもとには，下位から順に，①チュカ，②ナニ，③ナニ・バハ，
④私立・公立のカカー・バハーとカカー・バヒ，⑤ムル・バハー，⑥職業訓練
技術仏教学校（職業技術仏教学校バハーバヒの2段階／ビハーラとマハビハーラ）
の7段階ある。

　最後にネパール曼荼羅の金剛乗仏教のデ・アチャリヤ・グティ・モデルは，
世界の仏教界にも社会的対応の組織的なあり方を提供することができる。

　本書は，ラジェンドラマン・バチュラチャリャ氏の協力を得て執筆された。

# 第3章　ネパールの社会変革における上座部仏教の貢献

## 第1節　背　　景

　上座部仏教とは，第一回仏典信集を結成した「長老派」のことで，現在，ミャンマー，タイ，カンボジア，ラオス，スリランカで普及している。大乗仏教は，現在，中国，ベトナム，韓国，日本で普及している仏教の一派である。金剛乗は，大乗の後期分派で，現在，チベット，モンゴル，ネパールに普及している。ネパールでは釈迦の時代から上座部仏教が盛んだったが，8世紀にはネパールから姿を消した。

　1386年から1429年にかけて統治したジャヤスティ・マッラ王は，ネパールを正統なヒンドゥー国家とし，州法は『マヌ法典』というヒンドゥー教の教義から導かれたものであった。1769年，マッラ王国の支配はシャー王朝によって終わり，その後，1846年から1950年までラナ王国の支配が続き，宰相という強力な役職を担っていた。ヒンドゥー教のカースト制度を課す，これらの政権によって，この国は統治されていたのである。世襲の王と陸軍幹部はチェトリの王朝，大臣や行政官たちはバラモン王朝に属していた。仏教は，支配者によって僧院の信託する土地を没収され，僧侶はその権限を剥奪され，多くの人々が奴隷的な生活を強いられるなど，大きな打撃を受けた。

　1920年代，カトマンズ渓谷に突如出現した上座部仏教の活動は，その檀信徒たちの努力と葛藤の連続であった。それから約1世紀が経ち，長い闘争が起こった。また，上座部仏教を受け入れ，制度化するために，多くの社会的，政治的な変革が行われた。ネパールは2008年，政治革命によって最後のネパール国王を退位させ，世俗国家となった。

## 第2節　古代ネパールの上座部仏教

　釈迦が生きていた頃，カトマンズ渓谷には仏教が根付いていた。『ムラサルヴァスティヴァーダ・ビナヤ・スートラ』には，釈迦の使者として阿難尊者が

訪れたことが記されている。阿難尊者は，コーサラ国の毘瑠璃王による虐殺から命を救うために，カピラヴァストゥとデーヴァダハから逃げてきた釈迦族の親族に会うために渓谷にやってきた。当時はキラット王ジテダスティが渓谷を支配していた。釈迦族の避難民は，田植え，都市建設，工芸，貿易を基盤とした高度な文化と経済をもたらしたため，キラット王に歓迎された。釈迦族は上座部仏教を修行し，コリヤグラムと名付けられた最初の都市集落に僧侶のための仏教寺院を建てた。

　ネパールの歴史家は，カトマンズ渓谷で上座部仏教を強化するためのアショーカ王の仏教の使命について書いている。ラリトプールには，アショーカ王の4つの仏塔が残っている。現在も荘厳に残っている有名なチャルマティ・ストゥーパと僧院は，アショーカ王の娘チャルユティが尼僧として生涯を過ごした場所に建てられたものである。

　中国の旅人で仏教学僧の玄奘は，630年から43年にかけてインドを旅行・研究した際，ネパールにおける仏教について，大乗仏教と上座部仏教の両派で約2000人の僧侶がいると記している。上座部仏教の存在は，8世紀頃までの文献で証明されている。ネパールで発見された最古の写本は，ネパール政府の考古学局に保存されているパーリ語のヴィナヤについて描かれた数枚の葉である。

　ヒンドゥー教の熱狂者のシャンカラチャリヤ (788-820) が仏教僧とその僧院を激しく攻撃した後，カトマンズから上座部仏教が消滅したとする史料がある。仏教はタントラの導師が修行する金剛乗へと変化し，その後ヴァジュラチャリヤと呼ばれる在家仏教僧によって受け継がれた。

　シャンカラチャリヤは，インドでも仏教を滅亡させた。その時，ナーランダの仏教大学として有名な大学に火が放たれた。多くの仏教学者がインドから逃れて，貴重な書物や教義を携えてネパールにやってきた。ネパールは，金剛乗の知識と教義の保管場所となり，避難所となった。その後，パドマ・サンバヴァがネパールにやってきて，チベット仏教の形式をニンマ派として形成し，チベットに強く根付かせることになった。

## 第3節　ネワール仏教

　ヒンドゥー教のジャヤスティ・マッラ王が公布した州法により，仏教徒を含むネワール族にカースト制度が導入された。独身だった僧侶は僧衣を脱がされ，結婚やカーストの職業に就くことを強制された。仏教徒のネワール族は，上座部仏教，大乗仏教，金剛乗仏教を混合したネワール仏教を革新し，仏教の図像的特徴にある神々を多くのヒンドゥー教の神や女神を巧みに混合させた。実際，ネワール仏教はヒンドゥー教のタントラの文化的象徴でもかなり偉くなった。ネワール仏教の主な担い手は，僧侶としての金剛乗の導師と僧院の幹部である釈迦族であった。ネワール仏教の主な特徴は，以下の通りである。

① 金剛乗の導師と釈迦族の少年達を，彼らの一族の僧院で4日間，サマネラ（初心者）へ叙任する。

② 少女たちは幼い頃に偽装結婚の儀式を行い，思春期を迎えるまでの12日間，男性から隠れるように過ごす。この儀式はヒンドゥー教の文化から取り入れられている。

③ 少年少女が結婚適齢期になると，毎朝の瞑想（ニカ）の修行のための儀式を経験する。僧侶が耳元で囁く真言は，108個の玉でできた数珠で静かに3回，家の上層にある神聖な部屋で行われる。

④ 結婚後，夫婦は瞑想と戒律の遵守に関するより高い儀式を受ける。

⑤ 金剛乗の導師の成人男性は，僧職の追加研修（アチャルエグ）を行う。

## 第4節　参入のための闘い

　1921年，釈迦族の青年ジャガットマン・ヴァイディヤは，政府の奨学金を得て，インドのコルカタで学んだ。そこで，インドに上座部仏教を広めるために大菩提会に携わっていたアナガリカ・ダルマパーラに出会う。彼は，アナガーリカ・ダルマパーラと大菩提寺の活動に非常に感銘を受け，ネパールでも上座部仏教を始めようという思いを抱くようになった。また，ダンマディティヤ・ダンマチャリヤという名のアナガリカ（出家者）となり，ローブ型の黄色い服を着てパーリ語の仏教文献を研究した。1923年，カトマンズに来た彼は，

ネパール・ブッドパサ・サンガという仏教徒協会を組織した。1925年，バイシャフ・プルニマ（ウェーサーカ祭の満月）を記念して，ネパール・バサ語（先住民ネワール族の方言）で史上初の雑誌『Bauddha Dharma』を刊行した。1926年には，ネパールで初めてのバイシャフ・プルニマ（釈迦の誕生，悟り，入滅を記念する式典）を開催した。

　1925年，ダルマディティヤ・ダルマチャリヤの先導と並行して，チベットのカリスマ的な僧侶であるキャンツェ・ラマが，チベットからスワヤンブーまでのルートを平伏して，4年半かけてカトマンズまでたどり着くという厳しい巡礼の旅にやってきた。彼は，また，仏教の良き指導者でもあった。カトマンズでは，チベット語で仏教を教え始め，地元のネワール族がネパール・バサ語に翻訳してくれた。彼の教えには，多くのネワール仏教徒が集まってきた。金剛乗の導師は，チベットから来た異国の僧に伝統的な檀信徒が引き寄せられ，不機嫌になった。彼らは，ウダヤ（仏教徒の商人カースト）がボーテ（チベット人を指す蔑称）の供え物を食べたため，異なるカーストの食べ物を食べてはいけないというカースト規制が損なわれたとラナ首相の事務所に請願書を提出した。そのため，金剛乗の導師とウダヤの檀信徒との間に大きな対立が生じた。この対立は，上座部仏教を発展させるための肥沃な土壌となった。

　その中で，5人の若いネワール族が，仏教復興運動のために人生を捧げようという強い意志を持つようになった。ナニ・カジ・シュレスタ，カンチャ・シャキャ，ダルチニ・マナンダル，ベカ・ラトナ・シャキャ，ギャン・ラトナ・シャキャを中心に，チベットのラマ僧ツェリン・ノルブから叙任された。1926年，金剛阿闍梨たちは，ヒンドゥー教徒であるシュレスタは仏教とマナンダール（ネワール族の共同体）に改宗して，出家する権利がないことや，釈迦族はカーストの規定に従って出家するという従来の規範を破ったと再び政府に訴えた。その罰として，政府はツェリン・ノルブとともに彼らを国外に追放した。彼らは，ツェリン・ノルブに連れられてチベットに向かった。ツェリン・ノルブはチベットの小さな村の出身で，これらのネパール人の熱狂的な檀信徒たちはあまり進歩がなかった。ナニ・カジ・シュレスタはより良い機会を求めてラサに

向かい，そこでネワール族の商人クルマン・シン・トゥラダールに出会った。彼もまた布教に興味を持ち，出家したのだった。彼らは，ラサでは心強い支援は得られず，仏教をよりよく学ぶためにインドに向かうことを決意した。

　1928 年，ナニ・カジ・シュレスタとクルマン・シン・トゥラダールはインドのクシナガラに向かい，ビルマ僧として名高い長老の U・チャンドラマニ師の指導のもと，ネパール初の上座部仏教の僧侶として再び修行した。ナニ・カジはマハプラギャ師，クルマンはプラギャナンダ師と命名された。

　1925 年，妻を亡くしてチベットから帰国した貿易商のダサ・ラトナ・トゥラダールは，息子とともにキンドル・ビハーラに滞在し，そこでキャンツェ・ラマがチベット仏教の教育に時間を割いた。その後，彼の息子はスリランカに向かい，アニルッダという名の上座部仏教の僧侶のもとで出家した。ダサ・ラトナも息子に会うためにスリランカに行き，ダンマロックというサマネラ（年少の僧侶）にもなった。ネパールに戻り，キンドル・ビハーラで上座部仏教を教え始めた。1930 年，ダサ・ラトナ・トゥラダールの招きでカトマンズを訪れたプラギャンダ師は，キンドル・ビハーラに滞在し，仏教に関する講話を行った。彼の講演への参加者は日に日に増え，ラナ政権を悩ませた。また，プラギャンダ師は初めてカトマンズの街に出て，托鉢も行った。

　キンドルは，上座部仏教を学ぶ中心地となった。1931 年，出席者の一人である自分と同じカーストのトゥラダールが，ダサ・ラトナがトゥラダールの間で反神論を広めているとラナ政権に報告したことがある。ダサ・ラトナと一緒に，11 人のトゥラダールが投獄され，重い罰金を課された。その中には，ダッマ・サホゥ，ヨグビル・シング・カンサカル，チッタダル・ホゥリダヤなど，トゥラダールのコミュニティで高い評価を得ている人物もいた。その頃，プラギャンダ師は男女の檀信徒を連れてインドに行き，サマネラとアナガリカに叙任した。出所後すぐに，ダサ・ラトナは 1935 年に U. チャンドラマニ師から上座部仏教の伝統の聖職に就くために，さらに数人の候補者とともにクシナガラに向かった。これらの候補者は，シャキャナンダ，ダンマロック，アムリターナンダ，スボダナンダ，ブッダホーサなど，かなり著名な僧侶になった。ダサ・

ラトナ（現在のダンマロック師）は，スワヤンブーのふもとに最初の上座部仏教の僧院「アナンダクティ」を建立した。現在では，上座部仏教のサンガの中心地となっている。

　アムリターナンダ師もまた著名な仏教学者であり，現代ネパールに上座部仏教を復活させたパイオニアである。1935年，クシナガラのU.チャンドラマニ師のもとで出家するが，1937年，ボージプルのマハプラギャー師と共に投獄された。彼は出所後，スリランカに向かい，さらに仏教を学んだ。1942年，ネパールに戻り，スワヤンブーでヴァッサバサ（3ヵ月間の仏教の雨安居）の間，講話を行った。彼の公開講座は，多くの檀信徒に感銘を与えた。留学していた他の僧侶，サマネラ，尼僧も帰国して合流し，カトマンズ渓谷の各地で公開講話を行った。これは鎖国をしていたラナ政権時代の大躍進であった。しかし，政情不安を恐れたラナ政権は，市民集会を禁止し，彼らは1944年7月30日に逮捕された。外来の上座部仏教を布教した罪で，ジュッダ・シャムシュル・ナナ首相は，出国するか，還俗するかの判決を迫った。ネパールの上座部仏教の復興に生涯を捧げた尊敬すべき僧侶たちは，この命令に従うことを拒否し，再びネパールから亡命していった。

## 第5節　上座部仏教の創設

　ラナ政権に対する政治運動は，1940年にピークを迎えていた。1941年，4人の政治指導者が公開の場で絞首刑と銃殺刑に処された。上座部仏教の僧侶は，公共の場で説法をするため，疑いの目で見られていた。1944年に僧侶が追放されたのは，ラナ政権を脅かす政治情勢によるものに過ぎない。亡命した僧侶たちは，1944年11月30日，U.チャンドラマニ師の指揮のもと，インドにおけるネパール初の仏教組織「ダルモーダヤ・サバ」を結成した。設立直後，総書記であるアムリターナンダ師はネパール政府に抗議文を書き，他の仏教団体に呼びかけた。また，ネパールからの仏教僧の追放に反対する支援を得るため，各国を訪問した。スリランカはこれに対し，1946年に著名な学者であるナラド師の指揮の下，ネパールに親善使節団を派遣した。パドマ・シャムセル

首相は，ネパールの亡命僧の帰国を受け入れた。アナンダクティ・ビハーラ（僧院）には，最初のシーマ／ウポサタ（境界／誓い）とスリランカ様式のチェティヤ（聖堂），僧侶の居住区が建てられ，上座部仏教活動の中心地となった。次の首相モハン・シャムシェルは，バイシャカ・プルニマ（ウェーサーカ祭の満月）を祝日と宣言した。

　1951年，政治運動によってラナ族の寡頭政治が排除された。ネパールは君主制のもとで民主主義国家となった。ダルモダヤ・サバは，1951年の機関誌で次のような目標を掲げている。

① ネパール全土に仏教学校を開校すること
② 仏教徒が多く住む町や村に，僧侶1～2名と無料医療サービスを提供するビハーラを建設すること
③ ネパール語およびネパールバサ語の教義の翻訳を出版すること
④ ネパール人に仏教を広めるための教育をすること
⑤ ネパール語および英語による雑誌を発行すること
⑥ ルンビニやカピラヴァストゥなどの古代遺跡を保存するために必要な措置をとるよう，ネパール政府当局を説得すること
⑦ 他国の仏教徒がネパールを訪れ，仏教学者を交流させること
⑧ 人々を他の信仰に改宗させることに積極的な組織を警戒すること

　上座部仏教の普及に貢献するため，多くのイベントが開催され，活動が継続された。1951年には，スリランカから舎利佛と目連の遺骨がネパールに運ばれ，王宮でも王様に拝まれるようになった。この出来事は，ネパールの人々に，上座部仏教が今後永遠にネパールで尊ばれることを示すものであった。1952年，トリブバン・シャハ国王はアナンダクティ・ビハーラでの灌仏会（ウェーサーカ祭）に出席した。それ以来，バイサク・プルニマをブ灌仏会として祝うことは，政府の休日を伴う恒例の年中行事となったのである。1953年，トリブバン国王は僧侶を招き，マハパリッタを唱えさせた。

　1956年，釈迦の大般涅槃から2500年の節目の年に，ネパールで第4回世界仏教徒会議が開催された。この大会は，1951年にラナ王政が廃止され，自由

王政が始まった後，ネパールで開催された最初の国際会議でもある。このイベントは，ネパールが40カ国から代表者を招き，国際的な関係を構築する機会となった。その後，僧侶たちはネパールのさまざまな町に移り住み，トリシュリ，ラリトプル，ポカラ，タンセン，ブトワル，ボージュプル，チェインプルなどのビハーラ（僧院）を建てるようになった。1951年，当時唯一の上座部仏教のビハーラであったアナンダクティ・ビハーラに，アムリターナンダ師の指導のもと，「全ネパール比丘大サンガ」（僧侶の会）が結成された。この組織が発表したレポートによると，ネパールで運営されている上座部仏教のビハーラの数は102に達しているとのことである。比丘大サンガの創設時には，25人の僧侶と見習い僧，30人の尼僧やアナガリカがいた。2008年の報告書では，僧侶と見習い僧329名，尼僧174名を数えている。2006年に収集されたデータには，スリランカ，タイ，ミャンマーで学ぶ174人の修行僧と29人の尼僧が記録されている。

## 第6節　上座部仏教の活動

　青年僧で組織され，活動をしている団体は数十にのぼる。ここでは，1982年にカトマンズでネワール族の若者の間で結成された「ユバ・バウダ・サムハ（仏教青年団）」の例を挙げる。当初は，カトマンズで上座部仏教の僧侶や尼僧による公開講演会などの啓発活動を行い，知識人や政治家の関心を集めた。カトマンズ渓谷周辺の村々でパンチャシーラ（五戒）のキャンプを開催し，村々に小さな仏教センターを設立・強化した。タマン，グルング，マガール，タルなど，丘陵，山岳，平野から集まった民族の学者や活動家と会合を行った。マガール族やタル族が仏教徒であることは知られていないで，自分たちの社会を変えるために，仏教を地域の宗教として取り入れることを検討していることが明らかになったのである。

　1990年，絶対王政に反対する政治運動が成功し，ネパールは立憲君主制の多党制民主主義国家となった。ユバ・ブッダ・サムハは，新憲法でネパールを世俗国家と宣言するための世論を喚起するキャンペーンを積極的に展開したの

である。ダルモダヤ・サムハは，仏教徒だけでなく，先住民族，不可触民，キリスト教徒など 100 以上の団体からなるキャンペーン委員会でリーダーシップを発揮した。このキャンペーンは，ネパールを新憲法で世俗国家とすることには成功しなかったが，民族間の距離を縮め，国勢調査における民族ごとのデータ入力や，学校や地方行政における民族言語の使用などの問題で共同キャンペーンを開始した。

　1981 年の国勢調査では，仏教徒はわずか 5％に過ぎなかった。1991 年，仏教徒の活動家たちは，ネパールをヒンドゥー王国ではなく，新憲法で世俗国家と宣言するための大衆運動を繰り広げた。1991 年の国勢調査では 7.5％ だった仏教徒が，2001 年には 10.5％ に増加した。仏教徒の人口が増加傾向にあることは，仏教の活動にとって心強い状況である。ユバ・ブッダ・サムハは，1990 年代から先住民族のコミュニティで意識向上のトレーニングキャンプを開催していた。タル族とマガール族のキャンプは，ほとんど革命的であった。2001 年の国勢調査では，約 40 万人のマガール族と 10 万人のタル族が仏教徒に加わっている。この 2 つの民族組織の全国会議では，仏教を公式の宗教とすることが宣言された。毛沢東主義者による 10 年にわたる武装闘争（1996 年〜 2006 年）は，ネパールに大きな政治的激変をもたらし，世俗的，連邦的，社会的に包括的な共和制国家を誕生させるに至った。この変革には，直接的ではないにせよ，仏教の活動が大きく寄与していた。

## 第 7 節　上座部仏教の維持

　ネパールの上座部仏教を維持するためには，強化すべき 3 つの特徴がある。それらは，パリヤゥラィ教育，瞑想センター，社会センターとしてのビハーラである。1964 年，ブッダゴーシュは，檀信徒のための上座部仏教の正式な学習機関である「バウダ・パリヤッティ・シクサ」を設立した。1967 年，全ネパール比丘大サンガの承認を得て，授業と教科書が統一され，カトマンズ，ラリトプル，バクタプールに，土曜日や夜間に授業を行うセンターが開設された。ネパール全土に 50 以上の試験場があり，毎年 2,500 人以上の学生が受験している。

7級に合格するとパリヤッティ・サッダマ・パラカ，10級に合格するとパリヤッ
ティ・サッダマ・コヴィダという称号が与えられる。パリアティ教室で学んだ
人たちは，上座部仏教に集中的かつ持続的に打ち込んでいく傾向が見受けられ
た。

　また，上座部仏教の熱心な檀信者を生み出しているのが，ヴィパッサナー瞑
想センターである。ネパールには2種類のヴィパッサナーセンターがあり，積
極的に活動している。ひとつは，1981年にゴエンカが創設したもので，10日
間の集中瞑想合宿を行う。1985年には，マハーシ・サヤドーのメソッドに従っ
て，カトマンズに別の瞑想センター（国際仏教瞑想センター）が設立された。ル
ンビニにも支部がある。ネパールには，500人収容のブダニルカンタにあるセ
ンターをはじめ，毎月100人収容のルンビニのセンターをはじめ，10カ所以
上の瞑想センターが活動している。現在，年間約1万人の瞑想者がこのセン
ターから恩恵を受けている。これらの瞑想センターは，ネパール社会で，また
仏教徒でない人々の間でも，上座部仏教に高い信用を与えている。

　1960年代半ば，スマンガラ師はガナ・ビハーラで教育や医療サービスを提
供する目的で「ブッダ・シャサナ・セワ・サミティ」という組織を立ち上げた。
ビハーラは，仏教図書館，パリヤティ・シクサ（正式な仏教教育），日本語と英
語の教室，プライマリーヘルスクリニック，幼稚園を運営していた。その後，
バランブー・ビハーラには大規模な診療所を，ブッダ・ビハーラにはシッダー
ルタ小学校を，バネパには老人ホームを建設した。これは，ネパールの上座部
仏教のビハーラを現代風にアレンジしたものである。それ以前にも，アムリタ
ナンダ師はスワヤンブに高校を開設し，ネパールの高校の卒業者を輩出してい
た。現在，スリランカ，ミャンマー，タイから帰国した若い僧侶たちが，居住
地のビハーラを通じて多くの社会奉仕活動を行っている。また，一部の僧侶は
囚事犯人に対してカウンセリングを行っている。

# 第4章　世界平和のための仏教ソーシャルワーク
## ―仏教がメッタ・バーヴァーナの涵養を通して,平和な世界に貢献するためには,どうしたらよいか―

　仏教ソーシャルワークは,慈愛と慈悲(メッタ・バーヴァナ)に拠っている。これまでの事例で紹介した僧院や施設のさまざまなソーシャルワークは,いずれもその実践例と言えるだろう。

　メッタ・バーヴァーナが不在のため,今,世界の多くの人々が心配や苦悩を経験しているのである。多くの人にとって,人生は決して平穏なものではない。人々は,経済的苦難や社会的混乱,深刻な気候変動に直面したとき,自分自身や家族を支える十分な手段があるかどうかを心配している。また,深刻な病気や暴力の脅威に直面し,身の安全を心配する人も少なくない。COVID-19の世界的な広がりは,こうした状況をさらに悪化させ,多くの僧院が新しい形のソーシャルワークを行うに至ったのである。

　このような個人的な問題や社会的な状況は,仏教でいうところの「輪廻の苦しみ」の一部である。そして,このような厄介な経験は,一時的と考えられるが,取り組むべきことでもある。このような苦しみの影響に対する仏教の対応は,慈悲と慈愛の理想に基づくものである。苦難や暴力を和らげ,平和な世界を実現するためには,まず「身口意」の清浄な性質が必要である。

　メッタ・バーヴァーナの実践は時代とともにどのように変化し,今日「ソーシャルワーク」としてどのように反映されているのだろうか。

　釈迦自身が,メッタ・バーヴァーナに励まされている。世界が苦しんでいるのを観て,一切衆生への強い慈悲心を感じ,教えを説くようになった。釈迦の教えである「メッタ・バーヴァーナ」は,今日も実践され続けている。

　仏教の根幹をなすメッタ・バーヴァーナだが,それは,釈迦の出家と真理の求道,そして一切衆生のために仏教を教えるという姿勢に表れている。私たちが自分自身の生活の中で慈愛と慈悲の心を持つようになれば,他者のために行動するようになり,苦しみは自然に軽減される。他者を思いやるようになるか

らこそ，利己主義がなくなるのであるのである。

　それは，仏教団体の組織的な活動にも反映されている。ネパールでは，タング僧院，セチェン僧院，タラ僧院などがある。これらは，そうした仏教ソーシャルワークのほんの一例に過ぎない。ネパールには，他にも多くの僧院や仏教団体があり，釈迦の教えに基づいたソーシャルワークを行っている。また，地球レベルでは，私たちは自分自身と世界を傷つけ続けている。産業汚染は危険な新しい病気を引き起こし，森林伐採は自然の生息地を確実に破壊している。これらの人為的な問題は，おそらく取り返しのつかない気候変動を引き起こし，生命と生活を脅かしている。例えば，ヒマラヤには凍った湖がたくさんある。それが地球温暖化の影響で溶け出し，洪水を引き起こしている。橋は流され，森林や牧草地は破壊されている。30年前，ヒマラヤ山脈は一年中雪に覆われていた。今では一年中，冬でさえも黒い山肌を見ることができる。

　また，世界では暴力的な紛争が絶えない。その根底には，民族的偏見，人種差別，宗教的分裂がある。同様に，少数の人々に富が集中し，所得格差が拡大していることは，多くの人々が貧困にあえいでいることを意味し，一方で大国は経済的利益を得るために小国を占領し抑圧し続けている。私たち人間は，自分も他人も不幸にするような行動をとることが多々ある。

　生まれてきてから，人はどうやって人生を理解し，よりよく生きていけばよいのか。自分自身と他者の平和と幸福を促すにはどうしたらよいのだろうか。釈迦の教えは，このような問いかけに対して，第一に誰も傷つけないこと，第二に優れた徳を積むこと，第三に自分の心を磨くこと，という的確な指針を示している。この3つのポイントには，仏教の本質的な教えが含まれており，それは，精神的な方向性や宗教に関係なく，すべての人に関係するものである。また，仏教の団体や僧院がどのようにソーシャルワークに取り組んでいるかにも反映されている。

　これらの原則を採用することが，より平和な世界に貢献することは確かだが，実際に変化を起こすには時間がかかる。より平和な世界を目指すのであれば，広く行き渡った困窮と苦難の経験には，単純なものは何もないことを認め

なければならない。また，人間の争いを助長する恨み，憎しみ，暴力の連鎖を永続させる信念や態度も単純なものではない。これらの問題は単純ではないため，単純な解決策ですぐに解決するものではない。

　釈迦は私たちに，物事をよく見て，吟味し，反省し，善を志向し，マインドフルネスと気づきを実践するようにと説いたのである。強い内省によって，何が害と不幸をもたらし，何が平和と幸福をもたらすかが，ますます明らかになる。勉強し，考え，実践し，自分の体験と周囲の世界に注意を払うことで，自分の苦しみが身口意の否定的な行為の結果であることを認識せざるを得なくなる。そして，徳のある行動が自分の自由と幸福の基礎であることを認識するようになるのである。

　仏教が目指す苦しみを軽減するためには，因縁を理解することが不可欠である。因縁の作り方を理解すればするほど，より平和な体験ができる可能性が高まる。仏教では，すべてのものが相互に関連していると考える。これは縁起説，あるいは「因縁生起」あるいは縁起と呼ばれることもある。一人ひとりの存在とすべての現象への依存を認識することで，より平和で調和のとれた世界を築き始めることができるのである。

　釈迦の教えは，自分自身や人間関係の中でどのように物事が動いているかを理解するのに役立つ。因縁を理解すると，自分が幸せになるためには他者を傷つけてはいけないと悟るのである。自他ともに尊重し，他人を傷つけるようなことはしてはならない。その代わり，他者のために良いことをし，できればその人の苦しみを和らげてあげるという習慣を身につけることが大切である。

　他者の苦しみを思いやるという感覚は，実はシンプルな思いなのである。しかし，この複雑に絡み合った苦しみの体験の中で思いやりを実践するには，自己変革の道を歩むことを誓う必要がある。仏教における精神的な達成は，研究，考察，瞑想を必要とする個人的な旅であるが，本質的には，社会的な指向にある。その中心は，他者の苦しみを和らげ，幸福に導こうとする誓願とそれに伴う行動である菩提心（悟りへの尊い心）である。マインドフルネス（身口意の働きが周囲に与える影響によく注意すること）を実践することで，何が争いの原因

となり，何が調和をもたらすかを理解することができる。この知識と経験に基づいて，人は慈悲と慈愛を育み始める。自分の幸福は，実は他者の自由や幸福と絡み合っていることを認識し，私たちの活動は，苦しみを取り除き，すべての状況に調和と平和をもたらしたいという願いから常に生じているのである。このような取り組みを通じて，仏教は多くの人々に恩恵をもたらし，より平和な世界の実現に貢献することができるのである。

　一切衆生は幸せになりたいと願っている。誰も不幸になりたいとは思わない。しかし，人間は無知であるがゆえに，どうすれば幸福になれるかを知らない。それを見つけようとするあまり，人間は自分自身や世界に害を及ぼしてしまう。その結果，人間はいつも自分を不幸にしている。私たち人間は，不幸の原因がわかれば，それを止めることができるはずである。しかし，私たちの周りには，不幸な人がいなくなることがない。

　釈迦の教えは，親交，慈愛，慈悲である。それは，一切の衆生に関わることである。このように考えると，ブッダの教えはソーシャルワークの一種と言えるだろう。慈愛と慈悲がなければ，ソーシャルワークは完成しない。釈迦は，この苦しみに満ちた輪廻から衆生一人ひとりを解放することができる偉大な智慧を見つけるために宮殿を去った。完全な悟りを開いた彼は，5人の僧侶に最初の教えを授けた。サンスクリット語で「初転法輪」と呼ばれるものである。これらの教えは，何世紀にもわたって世界中で実践されている仏教の修行への道を開き，現在に継承されている。

　今日の仏教ソーシャルワークは，ネパールの直面している実情に対応して発展してきた。COVID-19 の大流行時にネパールの農村部に酸素濃縮器を届けたり，学校にコンピューターや医薬品を寄贈したり，2015 年の大地震の際に緊急支援を行ったりするなど，いずれも地域のコミュニティの緊急的なニーズに応えた例である。また，他者のために動くことや，メッタ・バーヴァナの基本である慈愛と慈悲の顕現なのである。

# 第2部

## ブータン

チェリン・ドルジ
ヤンドン
デチェン・ドマ

# 第5章　ブータンの仏教とソーシャルワーク

## 第1節　概　要

　ブータンは「ドゥルキュル」，つまり雷龍の国として知られている。ヒマラヤ山脈東部に位置する内陸国で，地理的には北に中国，南西はインドに挟まれている（図1-1参照）。ブータンは「最後のシャングリラ（不可思議で謎に満ちた神秘的で調和のとれた国）」とも呼ばれている。面積は 38,394km$^2$，人口は 2017 年現在で 779,666 人，人口増加率は 1.3％（NSB，2017）である。農業が，大多数の人々の主な収入源となっている。国教はチベット仏教である。世界銀行の公式データによると，2020 年のブータンの国内総生産（GDP）は 24 億 1,000 万米ドル相当であった。

　ブータンは，世界で最も険しい山岳地帯の一部を占めている。そして，国土の約 7 割が森林に覆われており（NSB，2017），この森林には，多くの絶滅危惧種の動植物が生息している（MoE，2014）。国の言語はゾンカ語で，主に国土の

図 1-1　ブータンとその周辺国を示したアジア地図
出典：https://www.lonelyplanet.com/maps/asia/　2022.12.8

西側で話されている。ブータンは一度も他国に植民地化されたことがない
(Dorji, 2005)。2008 年に民主的な立憲君主制が確立されるまでの 1 世紀の間，
世襲王によって統治されていた (Thinley, 2016)。この移行は，ブータンの歴史
において非常に重要な出来事であった。2008 年 3 月に初の首相が選出され，
世界で最も若い民主主義国家となり，同年，世界で最も若い君主が戴冠した。

　1961 年の第 1 次 5 カ年計画開始 [1] (PC, 1999 年) を契機に計画的な社会経済
開発活動を開始し，「鎖国の時代」に終止符を打ち，外部への門戸を開いた
(REC, 2012：xiii)。第 1 次 5 カ年計画では，保健，教育，インフラに重点が置
かれた (Rinchen, 2012)。ブータンでは，1970 年代からすべての国民に無料の
国民皆保険が提供されている。2018 年の平均寿命は 70.2 歳で，2006 年の 66.3
歳から延びている (NSB, 2018)。ブータンは，唯一のカーボンニュートラルな
国として，世界の生物多様性ホットスポット 10 カ所のひとつとして指定され
ている (NSB, 2017)。ブータン王国政府は，　憲法第 9 条第 16 項 (以下を参照)
に明記されているように，無償で教育を提供している。

> 国家は，就学年齢のすべての子供に第 10 学年までの無償教育を提供し，技
> 術・専門教育が一般的に受けられるようにし，高等教育は能力に応じてす
> べての人が平等に受けられるようにしなければならない (RGoB, 2008：20)。

　5 カ年計画の開始以来，国は社会経済の発展において多くの変化を目の当た
りにしてきた。全国に学校が設立されるなど教育面でもかつてない発展を遂
げ，医療面でも改善が進み，安全な飲料水や電気，通信サービス，水力発電な
どが利用できるようになり，生活環境も改善された。また，農業のやり方も大
きく改善された。しかし，開発がもたらす結果は，必ずしもポジティブなもの
ばかりではない。プンツォ (2017) は，「社会経済の発展は，特に健康，教育，
生活水準の分野でブータンに多くの利益をもたらしたが，その過程は，思想と
物質の両面で外部からの社会文化的影響の門を開いた」(Phuntsho, 2017：583)
と論じている。

---

1)　ブータンの開発計画は，5 年の計画サイクルで実施される。

## 第 2 節　ブータンの教育制度の略史

　ブータンは，1914 年に西部のハ地区に学校を設立し，西洋モデルの教育へ
の道を歩み始めた。主な教科は，ヒンディー語，英語，算数，ゾンカ語であっ
た (Dorji, 2005)。その後，1952 年に 2 代目国王ジグミ・ワンチュク国王がブム
タン，タミガン，パロ，ダンプー，ウォンディ・フォダンにヒンディー語の中
等学校を設立した (MoE, 2014)。1950 年代まで，ブータンの教育は主に僧院で
行われていた。識字教育は僧院に限られ，ブータンの著名な学者の多くはチ
ベットで仏典を学んでいた (MoE, 2015)。僧院での教育様式は，現在でもこの
国に浸透している。「宗教による教育と世俗による教育という 2 つの教育制度
は，それぞれ別々ではあるが，織りなす形でブータンの文化，人々，発展に貢
献している」(Dukpa, 2016：53) のである。当初，学校での教育媒体はヒンディー
語であった。しかし，英語が「すでに世界の共通語」(Dorji, 2005：11) であっ
たため，1961 年に英語に変更された (MoE, 2013：xxiv)。今日に至るまで，学
校や大学での授業は英語で行われている。

　現在，ブータンの教育制度は，7 年間の初等教育 (PP-VI)，4 年間の前期・
後期中等教育 (VII-X)，2 年間の高等教育 (XI-XII) で構成されている。教育は
PP 級（初等教育）から X 級（中等・高等教育）まで無料で提供されている。政府
出資の学校の XI 年生（高等教育）への入学は，X 年生の試験の成績による。不
合格の生徒は，私立の高等学校に自費で通うことができる。XII 学年修了後の
高等教育への入学は，能力に基づいて，国の人材ニーズによって決定される。
資格のない学生は，自費であれば学生として入学することができる。ブータン
には，2003 年に設立されたブータン王立大学 (RUB) と，2012 年に設立された
ブータン王立医科大学 (KGUMSB) の 2 つの大学がある。正規の教育と並行し
て，ノンフォーマル教育 (NFE) や継続教育 (CE) による拡大学習の機会もある。
さらに，特別なニーズを持つ子どもたちに教育を提供するため，一部の学校で
は特別教育プログラムが導入されている。MoE で示された学校教育の全体的
な目的は，「国民総幸福量 (GNH) という国家目標の実現に向けて，関連する知
識，スキル，価値を生徒に身につけさせる」(2015：8) ことである。ブータン

は 2013 年に近代教育 100 周年を迎えた。2017 年時点の一般識字率は 66%，若者の識字率は 93.1%である（NSB, 2017）。

　ブータンは，国民のエンパワーメントと国家の変革のために教育への投資が不可欠と考え，教育を最優先事項としている（MoE, 2014）。ブータン王国政府（RGoB）が教育を重要視していることは，ブータン憲法第 9 条に「国家は，全人口の知識，価値，技能を向上させ，高めるために教育を行うよう努め，教育は人間の人格の完全な発達に向けられる」（RGoB, 2008 : 19）と規定されていることからも明らかである。構想通り，教育はブータンの社会経済的発展に必要な労働力を生み出すのに役立っている。第 5 代ジグミ・ケサル・ナムゲル・ワンチュク国王は，2009 年 2 月 17 日にパロで開催された RUB 第 3 回総会で，次のように述べられた。

　　私は，過去数十年にわたるわが国の驚くべき近代化の歩みを語るとき，他のどの言葉よりも際立つ言葉があるとすれば，それは教育であると確信しています。私たちの組織，今日のリーダーたち，つまり私を含む私たち全員が，ブータンの教育制度から生まれた誇り高い存在なのです。

（Wangchuck, 2009, para.4）

　MoE（2015）で示された学校教育の全体的な目的は，「国民総幸福量（GNH）という国家目標の実現に向けて，関連する知識，スキル，価値を生徒に身につけさせる」（p.8）ことである。近代教育システムの初期段階において，政府は参加を促すために「徴兵制」のような手法に頼ったが，親は子どもを家に留め置くために独自の方法を考案した（Rinchen, 2012; Thinley, 2002; Zangpo, 2002）。ブータンの教育制度は，学校数，就学率，識字率，カリキュラムの面で進化しているのである。

## 第3節　仏　教

　ブータンは，紀元 7 世紀に大乗仏教が伝来して以来，これが栄えた最後の仏教国のひとつとされている（Dorji, 2017）。大乗仏教からの価値観と伝統は，その特徴的な文化的固有性に反映されている（Lees, 2011）。Pommaret（2015）に

よると，仏教は宗教や国家において今もなお浸透している。紀元 8 世紀，この国で仏教の発展を進めたのはパドマサンバヴァ師である（Dorji, 1990）。仏教はブータンの文化，伝統，習慣，歴史に浸透し，影響を及ぼしてきた（Dorji, 2022）。これは，1620 年にザブドゥン・ングワン・ナムゲル師によって設立されたズング・ドラツァン（Zhung Dratshang ＝中央僧院）によるとされる（Dorji, 2022）。2018 年現在，シェドラが 21 名，ラブディが 18 名，ロブドラが 144 名となっている。現在，中央僧団に登録されている僧侶は 7,373 名，尼僧は 275 名である。

　1907 年の王政復古以前，ブータンは長い間，仏教の宗教的支配者たちによって統治されてきた（Lees, 2011）。ブータンの教育の起源は僧院にあり，知識の本質は仏教の倫理的価値観に強く根ざしており，衆生への慈悲を求めるものであった。僧侶は社会的に尊敬される立場であり，何よりも僧侶が無料で教育を提供してくれたため，どの家庭でも少なくとも一人の息子を僧院の学校に送り出した（Phuntsho, 2000）。僧院は，土地，動物，精神，そしてお互いに調和した生活を送ることを人々に教えた。そして，調和の取れた生活をすることで，善い功徳を積み，その功徳でより良い人生に生まれ変わることができるのである（Choden, 2003）。何十年もの間，学問を学ぶための施設は僧院しかなかった（Dorji, 2022）。

　ブータン王国憲法によると，中央僧院は自治機関であり，王室政府からの年次助成金によって運営されている。さらにブータン憲法第 3 条には，「ブータンにおいて，宗教を政治から切り離すことを確保しつつ，国の精神的遺産を促進することは，宗教機関および個人の責任である。宗教施設と人格は政治を超越していなければならない」と記されている。これまでブータンでは，「チャイチェンモ（大法）」をはじめとするすべての法律は，仏教の三蔵のひとつである「律蔵」から引用された仏教の原理・戒律に基づいていた。

　仏教の精神は今でも社会の中に浸透しており，ブータンの人々の伝統的な価値観や文化，心理を形成する上で圧倒的な影響力を持っている。宗教的な儀式や祈りは，日常生活に欠かせないものと考えられている（Dorji, 2008; Pelzang,

2010; Wangyal, 2001)。ブータンの人々は，病気，結婚，ビジネス，建築，進路，赤ん坊の命名などに関して，僧侶や尼僧にアドバイスを求める。Dujardin は，ブータンでは，宗教は文化のあらゆる側面を統合し，物質文化に結晶化した明確な全体像に統合する媒介要因であると述べている (2000：152)。

## 第4節　ブータンにおけるソーシャルワークの歴史

　ザブドゥン・ガワン・ナムゲル師は，1637 年にチェリ僧院で 30 人の僧侶のグループにソーシャルワーク教育を正式に行い，ソーシャルワーク (Mi dhey Drelwa) の先駆者となった。僧侶と尼僧は，一切衆生に奉仕するように教えられた (著者とケンポ・ブンデン[2] 師とのメールのやり取りに基づく，2017 年 9 月 28 日)。それゆえ，ブータンにおけるソーシャルワークは，慈悲の仏教哲学 (Jangchump Sem) を前提とし，すべての衆生に奉仕するために，僧院で制定され，確立された (Dorji, 2017)。ブータンにおけるソーシャルワークは，その伝統的な宗教の信念体系に深く影響を受け，見返りを期待せずにすべての衆生の安寧と幸せを大切にしなければならないという理解に基づき，さまざまなレベルで実践されていると考えられている (Choden, 2003; Galay, 2001; Phuntsho, 2017; Thinley, 2016)。ブータンには，社会的な価値観の形を反映した表現が数多く存在する。ブータン人は「Tha damtshi」という言葉をよく使うが，これは，正直，尊敬，忠誠，親切，感謝といった道徳的な価値観を表す。同様に，Jangchump Sem は，慈悲，優しさ，愛情，一切衆生の利益のための義務感を表す (Phuntsho, 2000; Thinley, 2016)。

　ソーシャルワークの様相は，相互扶助と輪番制の原則に基づき，労働や物資の提供という形で地域社会に存在していたのである。このような伝統的な慣習は今日でも一般的で，コミュニティメンバーは灌漑や飲料水の管理，地域での法要の開催，村の寺院や歩道の手入れなど，共同体のニーズに対応している (Dorji, 2017; Phuntsho, 2017)。これらの実践は，過去にソーシャルワークの重

---

2)　ソナム・ブンデン師はタンゴ仏教大学の仏教学の講師である。

要な要素のひとつである利他行やボランタリズムの精神の成長と向上を後押し
してきた (Galay, 2001)。こうした価値観は，共同家族制度，贈与の伝統，子ど
もの教育や高齢者の世話を通じて恵まれない親族を支援することによって，さ
らに推進されている (Wangyal, 2001)。ブータンにおける社会サービスは先祖
代々から存在していたが，1980 年代に「市民社会」という形で概念が公式化
された (Dorji, 2017)。

　前節の議論から明らかなように，ブータン社会にとってソーシャルワーク
は，大乗仏教の影響を大きく受けたボランタリズムの伝統的な様式で存在し，
今でもブータンでは変わらないため，新しい概念ではない (Phuntsho, 2017)。

　ブータンの人々の暮らしの中で，さまざまな面で重要な役割を果たしている
のが，「中央僧院」である。この中央僧院は，瞑想，研究・教育，活動の 3 つ
の輪で社会貢献をしている。前半の二輪は基本的には僧侶と尼僧のためのもの
で，大乗仏教が一切衆生を済度させるために誓うジャンチュブセム（菩提心）
やゲイ・ドンパ（菩薩戒）を実行する準備のためのものである。3 つ目の輪の活
動は，僧侶と尼僧が一切衆生のための社会福祉活動を行うよう導くものである
（著者とケンポ・ブンデンとのメールのやり取りに基づく，2018 年 2 月 28 日）。
Dorji（2016）は，中央僧院や民間の僧院が提供するソーシャルワークのほとん
どは，宗教的な活動に関連するものであると主張している。中央僧院の主な機
能は，宗教的伝統，法要サービス，ソーシャルサービス，教育・管理・財政の
ための機関，宗教的規律を遂行することである。ソーシャルワークの一環とし
て，貧しい子どもたちや孤児，障害者に奨学金を支給したり，高齢者に住居や
食料を提供したりするなどの活動を行っている。また，僧侶や尼僧は精神的な
指導や支援を行い，出産，結婚，病気，死亡，家の建設，奉献の儀式，昇進や
就任の儀式の際に家庭を訪問して法要を行い，精神的な指導を行っている。地
域社会へのサービス提供のほか，僧院はブータンの信託基金に何度か寄付をし
て，国民への無料医療サービスを支え，募金活動にも積極的に参加し，文化や
言語の保護にも率先して取り組んでいる (Dukpa, 2016)。現在の中央僧院の
ジェ・ケンポ（僧院長）は，人々の心を善行に向かわせるという純粋な考えで，

全国を回って21回のモエンラム・チェンポ（集団説法）を行った。

　同様に，ブータン東部にあるチューキ・キャツォ研究所は，ゾンサール・キェンツェ・リンポチェが創設したもので，ソーシャルワークに対する独自のアプローチを行っている。この研究所は，有機農業の推進や青少年の参加を推進することで，青少年が有意義に関わり，ボランタリズムの精神を涵養する機会を作るために，研修の場を提供し，地域社会を巻き込んでいる。同研究所は，国内で初めて廃棄物ゼロの方針を打ち出した修道院のひとつである。また，農民がスタディツアーに行く機会を提供したり，ブータンの教育関係者などを対象にマインドフルネスの瞑想を開催したりしている（Gyeltshen, 2018）。

　ブータンにおけるソーシャルワークの概念は，欧米の概念とは異なる。欧米では，ソーシャルワークは，社会の変化や結束を促進し，人々が人生の変化に対処し，福祉を向上させるための力を与える，学問的規則と技術が注がれた実践を基本とする職業と定義されている（Dubois & Miley, 2013）。また，ソーシャルワークは，確立されたソーシャルワーク機関の認定を受けた専門家が実施すれば，専門的なソーシャルワークとして認められる。その一方，ブータンでは，ソーシャルワークの本質は，一切衆生への慈悲という古来の深い智慧に基づき，ボランタリズムの精神に基づいた行動と善行の概念に導かれたものである。ブータンのソーシャルワークは独特で，宗教的・哲学的な起源を持ち，文脈的なものである（Choden, 2003; Thinley, 2016）。ブータンでは，非学術的で，仏教で古くから伝わる慈悲の心を重視し，ボランタリズムという形で他者に奉仕することを機縁としている。さらに，ブータンにおけるソーシャルワークは学問として教えられるものではなく，家族制度の中で実践されている文化や伝統を観察し，参加することで，これに比例して学ぶことができる（Thinley, 2016）。ブータンにおけるソーシャルワークは，規定された社会関係，西洋のソーシャルワークの規範に属するか属さないかの境界を超えることができなかったと言える。しかし，福祉と幸福を促進し，すべての人が基本的な固有のよさを持っていることを認識し，それによって社会の変化と発展をもたらし，個人が幸せな人生を送ることができるようにするなど，西洋のソーシャルワー

クと同様の基本となる信念や目標を共有している。

　ブータンは 2010 年に市民社会組織 (CSO) を正式に承認している。現在、ブータンには約 42 の市民社会組織が登録されており、国民のさまざまな社会的ニーズに応えている。しかし、「ユース・ディベロップメント・ファンド」(第 4 代国王ジグミ・シンゲ・ワンチュック国王の発案) のように、1999 年に設立された最初の NGO のひとつである市民社会組織もある。その任務は、薬物中毒、リハビリテーション、特別教育、技能開発プログラムによる若者のエンパワーメントなど、若者関連の問題に取り組むことである (BCMD, 2017)。同様に、タラヤナ財団は、遠隔地の村の最も弱い人々を支援するために、慈悲を中核的価値として、ギャリュム・アシ・ドルジ・ワンモ・ワンチュク王妃によって2003 年 に 設 立 さ れ た (BCMD, 2017)。 同 様 に、 RENEW (Respect, Educate, Nurture and Empower Women) は、ブータンにジェンダーに基づく暴力のない、幸せな社会を作るというビジョンを持って、2004 年にギャリュム・アシ・サンガイ・チョーデン・ワンチュク王妃によって設立された。同様に、チチュン・ペンディ協会 (CPA) は、ブータンに薬物やアルコールフリーの社会をつくるというビジョンのもと、ジグミ・ケサル・ナムゲル・ワンチュク国王の出資により 2007 年に設立された組織で、ブータンにおける薬物乱用防止を目的としている。ギャルツェン・ジェツン・ペマ・ワンチュク国王は、ブータン・アビリティ・ソサエティの後援者で、ブータン社会の中で多様な能力を持つ人々が自立し、尊厳を持って生活できるようにすることをビジョンとして掲げている。同様に、ブータン尼僧基金 (BNF) は、教育と経済的自立を通じて尼僧の能力を高めるというビジョンを掲げ、2009 年にギャリュム・アシ・シェリン・ヤンドン・ワンチュク王妃によって設立された。

　市民組織で働く人々は、ソーシャルワークの正式な教育資格は持っていないが、ソーシャルワーカーとして認められている。例えば、Baikady ら (2016) は、ブータンにはソーシャルワークの教育や訓練を受けたソーシャルワーカーがいないことを報告している。しかし、ソーシャルワーカーは、特にリハビリテーションや障害者サービスの分野で、サービスを提供する専門家である。ソー

シャルワーカーはボランタリーワーカーとしてより認知されており，ボラン
ティアは社会のさまざまな分野から，さまざまな立場の人々が参加することが
できる。他者の福祉のためにサービスを提供するという認識が，文化として根
付いているのである。市民組織で働く人たちは，ソーシャルワーカーとして給
料をもらい，認められている。

　ブータンにおけるソーシャルワークは，さまざまな分野と多様なアプローチ
で実践されている。政府機関，市民組織，僧院，政策立案者，警察，軍関係者，
デスン（平和と調和の守護者），あらゆる階層の個人がボランティアとして参加
している。これらの人々は皆，金銭的な利益を得ることなく，根本的には慈悲
の哲学に導かれ，社会サービスの提供に積極的に取り組んでいる（Phuntsho,
2017; Thinley, 2016）。

　つまり，ソーシャルワークの種は僧院で蒔かれ，僧侶や尼僧は他者への奉仕
や利益を得ることを教えられたのである。今日のソーシャルワークの概念は広
がっているが，その根底にあるのは，一切衆生の福祉と幸福のため支援すべき
寛大で理解ある活動なのである。

# 第6章　ブータンにおける仏教ソーシャルワークの現状

## 第1節　ブータンにおけるソーシャルサービス─レイショーグ・ロペン

### 1.1　はじめに

　ブータンの仏教ソーシャルワーク活動の大部分は，中央僧院によって始められ，実施されている。ジェ・ケンポ（僧院長）であるガワン・ジグミ・チョエドラ師は，中央僧院の責任者である。ドルジ・ロペン[1]，ヨンテン・ロペン[2]，ツグラ・ロペン[3]，ツォッキ・ロペン[4]，レイショーグ・ロペン[5]の5人のロペン・レンゲ（宗教審議会の大臣級メンバー）が補佐し，ディヤーニ・ブッダ（五智如来）を幸運にも象徴化している。レイショーグ・ロペンは，サンガの運営や開発など，サンガのサービスに関わるすべての活動を統括しており，実行委員会（Dratshang Koedtshog）の委員長を務める。

### 1.2　ソーシャルワーク

　ブータンのソーシャルワークは，仏教の慈悲の哲学に導かれている。仏教におけるソーシャルワークの最大かつ最高の形態のひとつは，一切衆生に対する奉仕である。中央僧院では，ヌンチェイ，ヌンチェイ・ロプジョン・ゴムドライ，ヌンチェイ・デサップ・プログラムなど，無数の社会サービスを提供している。さらに，占いや病人・故人のための法要なども行っている。

### 1.3　ヌンチェイ (Nungchey)

　レイショーグ・ロペンでは，学生のために「Nungchey」というプログラムを設けている。プログラムに登録された参加者は，僧院で生活する。そしてま

---

1) 宗教的伝統
2) 法要サービス
3) 教育
4) 総務
5) ソーシャルサービス

ず，7日間または14日間の初期研修を行う。そして，赤いローブを着る。僧侶や尼僧と同じように，参加者は一日を精神修行で始め，精神修行で終える。参加者は因果律や釈迦の教え，瞑想や観想を学ぶことができる。また，神や女神を視覚化したり，マントラを唱えたりすることも学ぶ。このプログラムは年に3回開催される。このプログラムは，参加者がプログラム終了後も祈りを捧げたり，マントラを唱えたりするための強固な基礎を築くものである。

### 1.4　ヌンチェイ・ロプジョン・ゴムライ (The Nungchey Lopjong Gomdray)

　このプログラムは，学校の夏休みと冬休みに実施されており，高校生向けと中学生向けの2つの段階で運営されている。プログラム期間中は，中央僧院から宿泊と食事が無償で提供される。このプログラムは，3つのケンポによって提供されている。セッションには，1) 原因と結果，2) 仏教の起源と広がり，3) マントラの唱え方と神と女神の視覚化，4) ヨガ，の4つがある。4回のセッションのほかに，瞑想，観想，マントラの唱え方なども学ぶ。

### 1.5　ヌンチェイ・デサップ・プログラム (Nungchey Dessup Programme)

　このプログラムはデサップ（Dessups ＝平和の守護者）向けである。デサップとは，コミュニティサービス，誠実さ，市民としての責任という価値観を支持し，推進する訓練を受けたボランティアである。ヌンチェイ・デサップ・プログラムは，デサップが地域社会や国に貢献するために必要な愛，思いやり，利他主義といった本質的な資質を身につけるために，レイショーグ・ロペンによって始められたものである。現在，このプログラムでは3つのデサップがまとまって訓練を受けている。最終的には，全20地区のすべてのデサップに実施される予定である。

### 1.6　病人や故人のためのサービス

　病人や故人のためのサービスは，全国20地区すべてで提供されている。誰もが利用しやすいように，ジェ・ケンポ師は全20地区で無料の火葬場サービ

スを制定した。各地区の火葬場では，ラム・ネテン（地区レベルの僧院長）の指導と支援のもと，僧侶が火葬を行っている。電話や他のソーシャルメディアのアプリからでも，いつでもサービスを利用することができる。このサービスは，資源と時間を節約することで，ご遺族に多大な恩恵をもたらしている。また，受益者にとって，いつでも利用できるようになり，利便性が向上した。ソーシャルサービスの提供に携わる僧侶たちは，さまざまな教育段階の研修と瞑想を3年間受けている。

## 1.7　仏教寺院の社会サービスにおける関与の理由

　ブータンの仏教の真髄を伝える唯一の機関である「中央僧院」。僧侶と尼僧は，「ジャンチュプ・セム・ゲイ・ドンパ（慈悲）」の原則に基づいて訓練を受けている。自分が身につけた仏教の知識，技術，実践は，他の人のためにならなければならないのである。ソーシャルサービスは，見返りを期待することなく，一切衆生を救済するという基本原則に基づいている。仏教の目的は利他的主義であるため，コミュニティサービスが提供されている。さらに，近代化が浸透しているため，宗教に関心を持ち，因果応報を信じる若者も少なくなっている。そのため，さまざまなソーシャルサービスを提供することで，これらの価値を再興させ，高めていくことができるのである。仏教の教えでは，親を敬い，親を支えなければならない。歴代の動物や人間で，親が存在しなかったものは誰もいない。他者に奉仕することは，前世の親に奉仕し，その愛情に報いることに等しいのである。

　仏教では，サービスの受益者を自分の親と見なし，不公平や偏見を持たずに無条件にサービスを提供する。カースト，信条，宗教，社会経済的地位など，あらゆる立場の人々にサービスを提供する。仏教におけるソーシャルサービスの目的は「利他」である。このサービスは，受益者の短期的な利益（病気を治す，痛みや苦しみを和らげる）と長期的な利益（解脱）の両方を目的として提供されるものである。

## 1.8　結論

　結論として，中央僧院は20の僧院と20名の僧院長を通して社会サービスを提供している。これらのサービスには，ヌンチェイ，ヌンチェイ・ロプジョン・ゴムライ，ヌンチェイ・デサップ・プログラム，病人や故人のためのサービスなどが含まれている。これらのサービスはすべて利他的に提供され，人々の役に立っているのである。サービスを利用するためにお金を払う必要はない。さまざまなサービスは，現在だけでなく，死後も受けた者の利益となる。

# 第2節　ジグミ・ドルジ・ワンチュック国立病院 (JDWNRH) のサービス内容

## 2.1　はじめに

　首都ティンプーにある JDWNRH (Jigme Dorji Wangchuck National Referral Hospital) では，総院長を中心とした6人の僧侶が，僧院僧務委員会の一員として，患者へのソーシャルサービスを提供している。このサービスは，第5代国王ジグミ・ケサル・ナムゲル・ワンチュク国王の命により，患者と故人の双方に利益をもたらすために制定されたものである。設立当初から現在に至るまで，患者や近隣のコミュニティ，学校などに対して，さまざまなソーシャルサービスを地道に，そして心をこめて行っている。学校に対しては，宗教的な法話や毎年の法要を行うことで奉仕が現れている。紹介制の病院であるため，全国各地から患者が集まってくる。したがって，ブータンのすべての人々にサービスを提供することに等しい。さらに，病院と地域の両方で，故人へのサービスを提供している。

## 2.2　ソーシャルサービス

　病院のサービスには，病人，末期患者，故人に対するサービスも含まれる。病人へのサービスでは，バルチェ・ラムセル（道からあらゆる障害を取り除く祈り），チェドラップ（長寿祈願），カーゴ（ラマ僧が悪霊に特定の人への害を止めるよう命じる）を唱え，薬師如来への真言，タ・チャン・チュン・スム（人生のす

べての障害を追い払う真言）を唱える。また，薬師如来，観音菩薩，多羅菩薩の
瞑想法も教えている。葬儀では，ポワ（亡くなったばかりの人が死後の安らぎを
感じ，慈悲の仏様である観音菩薩にお世話になるための特別な法要）と死後の法要
が行われる。死に際に行う法要は，その人の罪を軽くし，生まれ変わるために
最も重要である。また，近隣の地域や，オーストラリアなど海外に住む方にも
サービスを提供している。海外に住んでいる人には，ウィーチャットやテレグ
ラムなどのソーシャルメディアを通じて，祈祷を行う。また，占星術のサービ
スは，病院内外の人々に提供されている。また，依存症患者のカウンセリング
も行っており，仏教の観点からアルコールや薬物を摂取することの弊害を啓発
している。また，腎臓病の患者に安心と安らぎを与えるために，語りかけや祈
祷・真言の唱え方を指導している。末期患者のために，看護師とともに自宅を
訪問し，「カーゴ」や「ジャブトリー」などのサービスを行う。また，そのよ
うな患者に声をかけ，痛みを和らげようとすることもある。患者には，祈祷や
真言の暗唱を指導している。チームは，病院の医師や看護師と密接に連携して
いる。これらのサービスは，すべて無料で，心をこめて，患者のためになるよ

写真 2-1　病院の医師や看護師と話す僧院長

うにと提供されている。したがって，これらのサービスは100％ソーシャル
サービスである。実際，苦しみや痛み，悲しみといった人生の最悪の局面を迎
えている人々を助けることができるため，ソーシャルサービスの最良の形のひ
とつと言えるだろう。チームは，常に人々のためにある。

## 2.3　社会的サービスの合理性

　仏教的に言えば，過去に親が一人もいない動物や人間はいない。だから，親
が苦しんでいるときは，助けてあげなければならない。奉仕することは，両親
への感謝の表現である。また，仏教では，僧院長や僧侶は他者への奉仕をしな
ければならないとされている。

　釈迦の時代から，ソーシャルサービスは広まっている。釈迦は，病人や苦し
んでいる人，困っている人を助けることの大切さを説いている。また，ザブドゥ
ン・ガワン・ナムゲル師の時代から，すべての僧院長や僧侶がソーシャルワー
クに携わっている。サービスを提供し，最大限に活用できる場所のひとつが，
体調が万全でないときの病院である。このサービスは，身体的，精神的，心理
的に，病人に多大な利益をもたらす。宗教的な観点からは，他者，特に病人に
奉仕することは最高のサービスである。また，仏教では，あらゆる人を助けなけ
ればならないとされている。サービスを提供することは，恩恵を与える側と恩恵
を受ける側の2つのメリットがある。恩人は，現在と死後の両方で利益を得る
ことができる。しかし，その恩恵にあずかるためではなく，僧院長や僧侶が率
先してやっているからこそ，サービスが提供されているのである。また，政府は
国民の幸せと福祉（国民総幸福量）を最優先事項としている。これは，僧院長や
僧侶を通じて，僧院がソーシャルサービスを提供することで実現されている。

## 2.4　マネジメント

　6人のチームで，病院内外の人々にサービスを提供している。彼らは，僧院
長，2人のアシスタント，2人の占星術師，病院内の寺院の世話をする人など
である。

## 2.5　サービスのスケジュール

　病院でのサービスの曜日は決まっている。月曜日は外科病棟，火曜日は内科病棟，木曜日は入院患者のための診療日である。定期的なサービスとは別に，彼らは24時間365日体制でサービスを提供している。困っている人にサービスを提供することは，責務であり，優先事項であり，喜び，幸福，満足の源であると考えられている。仏教の観点からも，できる限り，できる時に，できる場所で，人のために尽くすこと，仏教の知識，技術，実践が人の役に立つこと（利益）でなければならない。また，仏教では，最高のサービスは他者への奉仕であるとされている。仏教の目的は，ソーシャルワーク，すなわちサービスを提供することで実現できる利他的な思考を持つことである。さらに，ソーシャルサービスの提供は，他者への絶え間ない揺るぎない奉仕によって世界とブータンの模範となっているブータン第5代国王とジェケンポ（僧院長）の願いと志を実現するものでもある。彼らは，ソーシャルサービスの最高の，真の支持者なのだ。彼らはブータン人，そして世界の着想の源である。

## 2.6　コラボレーション

　チームは，他組織とのつながりは一切ない。病院の医師や看護師と連携を取りながら仕事をしている。

## 2.7　サービス

　現在，このサービスはJDWNRHとモンガーリージョナル病院でのみ利用可能である。人々からは，サービスに対する感謝の声が寄せられている。また，患者や遺族にとっても，法要を行う人を探す手間が省け，玄関先でサービスを受けられるので大変便利になった。これらのサービスは，国内の各地域の病院に導入される予定である。

## 2.8　結　　論

　病院の福祉サービスは，誕生から病人，故人まで多岐にわたる。このような

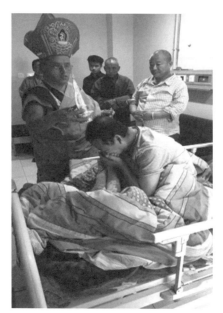

写真 2-2　患者を祝福する僧院長

　サービスの確立は，受益者にとって非常に大きな助けとなっている。この病院
が提供するサービスは，宗教と科学がいかに共存し，手を取り合って働くこと
ができるかを示している。

## 第3節　中央僧院 (Zhung Dratshang) による仏教ソーシャルワーク
### 3.1　はじめに

　中央僧院は，1620 年にザブドゥン・ガワン・ナムギュル師によって設立さ
れたブータン最古の自治組織のひとつである。ザブドゥン・リンポチェは，当
時の行政の拠点として，ティンプーの北に位置するチェリにサンガを組織し
た。その後，1637 年にサンガはプナカ・ゾンに移され，現在も中央僧院の冬
の住まいや本部として，またティンプーのタシチョエドゾンは夏の住まいとし
て使用されている。現在，中央僧院に登録されている僧侶は 7,373 人，尼僧は
275 人，ゴムチェン（修行僧）は 461 人である。ブータン憲法によれば，中央僧

院は自治機関であり，王室政府からの年次助成金で賄われている。

　中央僧院は，僧院僧務委員会であるドラツァン・レンツォーグと連携している。僧院僧務委員会のビジョンは，ブータンの精神的・文化的伝統を保存し，発展させるための実行可能な環境を作ることである。ブータンの豊かな精神的遺産を保護し，発展させることを使命とし，僧侶の戒律，修行，研究の本来のあり方を維持するとともに，僧侶の生活機関の標準化，公的な議論の場への参加，より高いレベルの仏教研究を促進するために拡大を行っている。

## 3.2　構造と組織

　中央僧院のトップはジェ・ケンポ師である。彼の補佐をするのは，専門的な宗教的領域を担当する5人のロペンである。彼らは最高サンガ評議会のメンバーであり，憲法によれば政府の大臣と同等である。各ロペンは，宗教的伝統，儀式サービス，社会的サービス，教育を行う教育機関，管理・財務の5つの分野のいずれかを担当する。その補佐をするのが，ジンポン（執事）2人，ゲショク・ロペン（法要導師主宰）2人，そして4人の指導官の幹部8人である。彼らはさらに，法要を行う人，マンダラ6)と芸術，さまざまな宗教音楽，マスクダンス，占星術，29のオフィスなどさまざまな部門のために働く区長，施設長，管理者，下級僧侶の職員によって支援されている（Dorji, 2020）。

　僧院僧務委員会は，中央僧院の僧務全般を管理する。そのため，第一の窓口となる組織であり，意思決定機関でもある。どの機関にも属していない。僧院僧務委員会は，特定の機関やグループにサービスを提供する必要がある場合，その機関やグループと連携する。ソーシャルサービスの全体的な運営組織には，レイリォン・ロペンを長とする委員会のほか，2人のラム・ネテン（地区僧院長），2人のシェドラ・ケンポ，ロブドラス7)の2人のロペン8)，管理スタッフなどが含まれている。

---

6)　宇宙と相互依存を表現する装飾芸術
7)　教師
8)　学校

## 3.3　ソーシャルサービス

　中央僧院と仏教の寺院や施設は，長い間，ソーシャルサービスの活動を続けてきた歴史がある。その中には，出生時，生前，死後の法要や占星術のサービスも含まれていた。修行僧は法要を行い，地元の薬や治癒のプロセスを提供し，芸術と工芸を助け，地元の人々に助言を与える役割も担っていた。さらに1991 年には，第4代ドゥルク・ギャルポ国王が，ブータンの中央僧院がさまざまな社会サービスの形で人々に手を差し伸べることの必要性をさらに表明したのである。ブータンのジェ・ケンポ・トルエルク・ジグミ・チョードラ師（第70 代僧院長）は，国民のため，特にブータン社会の恵まれない人々や弱い人々のために，大きな取り組みを通じてミデイ・チャプト（ソーシャルサービス文化）を導入し，国王の言葉を行動に移した。サービス内容は，基本的な仏教法要の提供，一般向けの無料火葬場サービスの提供，祝福，新生児・病人・死者のための緩和ケア，祈祷，占星術サービスの提供などである。また，中央僧院傘下のいくつかの僧院や寺院では，貧しい家庭の子どもたちに奨学金を支給している。僧院や寺院では，多くの高齢の男女が食事を提供され，保護されている。募金活動への参加のほか，中央僧院はいくつかの非政府組織（NGO）や保健信託基金，ブータン信託基金などの国家信託基金に多額の寄付を行っている（Dorji, 2020）。

　中央僧院が提供する具体的な社会サービスの一部を以下に紹介する。

### 1）ヨガと宗教の講話サービス

　社会の変化に伴い，中央僧院も一般消費者のニーズの変化に合わせたサービスを提供するようになった。2018年，サンガの奉仕活動全般を担うレイツォン・ロペンのもと，中央僧院はデュエマ・イヘンツォグという委員会を設立し，心身の健康問題に対処している。委員会のメンバーは，2人のラム・ネテン（地区の僧院長），2人のシェドラ・ケンポ，ドルクドラスの2人のロペンと事務局員である。近年，メンタルヘルスの問題は，私たちの社会，そして世界全体で大きな問題となっている。このような増大する問題への対応が急務であることから，増加する心身の健康問題に対処するための仏教的アプローチについて議

論し，企画・実行することを主な目的としている。2019 年の委員会では，急増する心の問題に対処するため，ヨガやスピリチュアルな言説を通じた仏教的なアプローチに着手した。そして，仏教のヨガや精神的な講話を，一般市民へのソーシャルサービスとして開始した。また，企画・研究の一環として，仏教のヨガに関する 2 冊のガイドブックが出版された。仏教のヨガには 2 つの要素がある。「セムジョン（心のトレーニング）」と「ルージョン（身体のトレーニング）」を含む，理論と実践のセッションを通じて仏教のヨガを教えることである。この取り組みは，ジェ・ケンポ師によって「ジョンワ」（身体と心のトレーニング）と改名された。

　仏教の教えは，一切衆生を無差別に扱うことを推奨している。すべての生物は，生命と幸福に対して平等な権利を持っていると信じられている。したがって，ヨガやスピリチュアルな法話などのソーシャルサービスの受益者は，人間だけでなく，一切衆生なのである。ヨガやスピリチュアルな法話などのサービスを通じて，自然の生態系に必ず良い影響があると信じられている。主な対象は，学生や関心のある一般の方々である。ジョンワは，ティンプーで興味を持った人たちや学校の子どもたちと一緒に始めたのが最初である。これまで，ティンプーで希望者にジョンワ・サービスを提供し，ティンプー以外の場所でも一部の機関にジョンワ・サービスを提供することができた。今後は，他の地区の方々にもサービスを提供する予定である。中央僧院は僧侶にトレーニングと能力開発を提供し，その僧侶はサービスを進めるためにさまざまな学校に派遣される。第一陣の 40 人の僧侶は，異なる流派で修行を増大させている。中央僧院は，さらに多くの僧侶を養成し，残りの学校や施設に送り込む計画を持っている。

## 2) 死後の法要と占星術のサービス

　仏教界には，人がこの世に生を受けたときから，その人がこの世を去るまで，ソーシャルサービスをしてきた長い歴史がある。中央僧院が提供する数多くのソーシャルサービスの中でも，死後の法要を一般市民に無償で提供することが基本となっている。「最大かつ最も重要な社会サービスのひとつは死の時であり，

これは重要である」(Khenpo Nima, 2022)。ジェ・ケンポ師は，この偉大な取り組みを始めるよう指示を出した。ブータンの全20地区では，死後の法要が無料で提供されている。このサービスは，社会経済的背景が困難な家庭にとって大きな安心材料となっている。死の間際，火葬場では，仏教の文化や伝統に従って，導師を中心とした僧侶たちがすべての葬儀を行う。僧院僧務委員会の僧侶が交代でサービスを提供し，他の地区では，ラブディ（地区仏教会）の僧侶がサービスを提供している。末期や不幸な状況下での僧院僧務委員会のこのような献身的な奉仕は，家族への慈悲や精神的な支えの表れである。末期の標準的な伝統仏教のプロセスを知っている人は多くないことを考え，僧院僧務委員会は，ブータンの文化や伝統に沿った標準的な作業手順をマニュアルとして発行している。ガイドブックは英語とゾンカ語の両方が用意されている。

　僧院僧務委員会は，書籍や公式サイト，ソーシャルメディアなどを通じて，知識や情報を広める努力をしている。死後の法要に関するガイドブックの調査，執筆，出版，配布の全過程は，外部資金を一切必要とせず，国民の福祉のために中央僧院傘下のタゴ仏教大学のケンポ・ニマとそのグループによって始められたものである。現在，タゴ仏教大学は，この崇高な奉仕の先頭に立つ機関として全責任を担っている。また，僧侶は一般の人々に占星術のサービスを提供しており，これはブータンの文化システムにおいて不可欠なものである。情報技術の進歩に伴い，ソーシャルメディアを利用した占星術サービスの提供が容易かつ便利になっている。占星術サービスの受益者の中には，一般市民も含まれる。

### 3) ソーシャルワーク活動の提供理由

　時代と状況の変化に鑑み，仏教の僧侶や施設，中央僧院は，一般大衆のニーズの変化に合わせたソーシャルサービスの提供が不可欠であると考えている。仏教の実践者として，それぞれの段階に応じてソーシャルサービスを行うことは，僧侶一人ひとりの責任である。「仏教は，他人に対して善良であれ，それができなくても他人を傷つけるなという教えがある」と回答した人がいた。「このような動機から，私たちはさまざまなソーシャルサービスを提供しなければ

ならないのです」。また，「自分の提供するサービスに最高の満足感を得ることができる」という回答もあった。人のために働き，人のために尽くし，そして自分の好きなことを仕事にできる。心の安らぎを与えてくれる。これがご褒美だと思っています」。

　寛大さ，慈悲，他者を助けること，共感することという行為は，釈迦の中心的な教えである。見返りを求めず，無条件にサービスを提供することは，釈迦の教えの基本である。釈迦は，他者を傷つけるな，そして可能な限り他者に奉仕せよと説いている。ソーシャルサービスとは，「他者を助けたり，他者のためになったりすることがすべてです」という回答があった。仏教にはソーシャルサービスを提供するという教えが数多く存在する。「ソーシャルサービスとは，私たちが言うところの『ビジャンチュブ・センパイ・ドゼイ・ブジャ[9]』と同じです。そのため，チャブジェ・ジェケン師から直接，ソーシャルサービス，例えば，葬儀のサービスを無償で提供するようにという指示があるのです」と述べている。

　仏教の教えでは，ソーシャルサービスを行うのは人間に限ったことではない。それは，一切衆生を含むものである。そして，発心力があれば，人間だけでなく，一切衆生の苦しみを軽減することを目的としているのである。仏教の教えでは，人間と衆生に区別はなく，ソーシャルサービスは一切衆生に提供されるべきであるとされている。

**4) 事例紹介：ケンポ・ニマ**

　　私の地方では，葬儀に携わった経験から，以前の仏教の伝統では，火葬の際に土鍋に油を入れる習慣がありました。その後，ダルダ（食用油）を多用するようになりました。一番の問題は，みんなが大量の油を使って遺体を焼くようになったことです。1 日に 20 体も火葬することを想像してください。これは，環境にも経済にも悪い影響を与えるものだと思いました。私が葬儀とそのプロセスについて研究し，情報を発信することで，人々はその悪影響

---

9)　悟りの境地に達した者の資質と行い

に気づくようになったのです。環境委員会は，遺体を火葬する際に大量の油を使用することについて懸念を表明しています。人々は，このような慣行は仏教の葬儀の必要条件であると考えていたのです。その後，私は著書などを通じて，このことを世間に明らかにしました。今では，人々が使う油の量が減りました。これは，私の仏教ソーシャルサービスの成功例のひとつだと思います。

　もうひとつの成功例は，一般の人に提供するタイプの葬儀サービスです。受益者の社会経済的背景にかかわらず，平等を基本に，すべての人に同じサービスを提供します。この場合，富裕層と貧困層の区別はありません。どのご遺体も同質の葬儀を無料で受けることができます。これは私たちにとって，とても嬉しいことです。3つ目の成功例は，ヨガサービスに関するものです。このサービスは，年齢を問わず有益なものだと実感しています。高齢者，会社員，若者，小学生の子どもたちがいます。このサービスを通じて，心身の健康に関わる重要な社会的課題や価値観について情報発信することができるのです。これは，私たちにとっても大きなやりがいです。

## 第4節　ゲルゼン・ドラツァンでの仏教ソーシャルワーク

### 4.1　はじめに

　チュカ地区プンツォリンにあるゲルゼン・ドラツァンは，地域の人々にサービスを提供することを目的に設立された。僧院僧務委員会傘下の僧院のひとつである。僧院僧務委員会や国内の他の僧院と相談しながら活動している。現在，僧院には60名ほどの僧侶がいる。サービスには，病人，死期が近い人，貧しい人へのサービスも含まれる。

### 4.2　ソーシャルサービス

　釈迦の時代から，ソーシャルワークは仏教の一部であり，病人や苦しむ人々を助けてきた。ブータンでは，ジャワドゥン・ガワン・ナムゲルの時代からソーシャルサービスが存在していた。設立された僧院の目的のひとつに，「他者を

助けること」がある。僧院長は，僧院の僧侶たちに，他者を助けることの大切さ，コミュニティサービスが仏教の重要な教義であることを認識させている。

　僧院では，病人や死期が近い人のための法要を無料で行っている。また，経済的に恵まれない家庭の子どもたちに対して，経済的な援助や，僧院での教育などのサービスも行っている。さらに，学校の休暇の時期には，僧侶が生徒を指導している。これらのサービスは，特に経済的背景が困難な人々に恩恵を与えている。また，僧侶は地域の非識字者に国語（ゾンカ語）の読み書きを教えており，現在では多くの人が祈祷の文字を読み，唱えることができるようになった。また，僧院長は地域の人々に釈迦の教えを伝えており，その結果，人々は不道徳な性質を避け，善良な特性を取り入れるようになった。また，僧院長や僧侶は学校の先生と一緒に授業をしたり，法話をしたりしている。

　すべてのサービスは，見返りを求めず，自発的に提供されるものである。仏教では，人は自分よりも他者のために尽くすものであるため，僧院の全体的な目的は，ソーシャルサービスの活動に専念することである。また，他者に奉仕することも僧院の責務である。すべてにおいて，仏教の本質は一切衆生のために尽くすことである。人助けはどの宗教にもあることだが，仏教では少し違う。他の宗教は一時的な安らぎを与えることに重点を置いているが，仏教は個人が悟りを開くことに重点を置いている。

　僧院の運営には，特に資金面で困難が伴うが，僧院長は個人的な取り組みを通じて，友人や家族から援助を受けている。しかし，友人や家族からの援助の持続性は保証されない。そのため，僧院は課題に対する恒久的な解決策を模索しなければならない。

## 4.3　スケジュール

　ソーシャルサービスの提供には特定の時間や場所はなく，地域の人々のニーズや要求に基づいて提供される。サービスを求めてやってくる人には，心をこめてサービスを提供する。

## 4.4 利　点

　他者にサービスを提供することには，さまざまなメリットがある。メリット
の大半は無形のものである。僧侶が他者に奉仕することは，この主体者も功徳
を積むことになるので，自分のために奉仕するのと同じことである。また，僧
院は，政府ができないような人々や場所にも手を差し伸べることができる。冬
休みの間，僧院で学ぶ学生たちは，釈迦の教えを守るだけでなく，国のために
もなるのである。

## 4.5　サービスの事例

　地域のある人が命を絶った。地域の人たちは彼の霊に取り憑かれた。僧侶た
ちは8日間この家に滞在し，法要を行った。その後，霊に取り憑かれる者はい
なくなった。また，僧侶たちは，いのちのはかなさ，生まれるものは死に，集
まるものは散り，建てるものは崩れることを理解させ，遺族の悲しみを克服し
た。僧院が提供するサービスは，最終的に国のビジョンであるGNH（国民総
幸福量）の達成に貢献するものである。地域の人々が支援を受けることで，生
活に安らぎと幸せがもたらされる。一人ひとりの幸せが，国の幸せにつながっ
ていくのである。僧院が行うソーシャルワークを通じて，人々はソーシャル
サービスを提供することの必要性と利点を理解しているのである。人々，特に
若者は，僧院長や僧侶の振る舞いを見習い，それが将来，自分たちのコミュニ
ティに利益をもたらすはずである。したがって，これは連鎖的な効果をもたら
すのである。

## 4.6　マネジメント

　指導者3名，クドゥン[10] 1名，食堂管理者2名，財務1名，教務1名の計8
名がいる。すべての僧侶は，病人や死期の近い人のための法要を行うなど，地
域住民にソーシャルサービスを提供している。

---

10)　統理者

## 4.7　コラボレーション

　僧院は，ドゥンカグ（副区域）や地区（チュカ）と密接に連携している。国内の他の僧院との連携も行っている。また，地域の人々との協力も行っている。

## 4.8　結　　論

　僧院長や僧院の僧侶たちは，地域の人々にサービスを提供するために積極的に活動している。これは，人々に安寧と幸福をもたらし，国のビジョンである「国民総幸福量」の実現に寄与することを目的としている。

# 第5節　カルマ・テグズム・デチェンリン僧院での仏教ソーシャルワーク

## 5.1　はじめに

　カルマ・テグズム・デチェンリン僧院は，ブータン東部に位置する僧院である。2010年に第8代ズリ・リンポチェによって建てられた。2004年4月21日，猊下はインドの第17世カルマパ師に，ブータンに僧院を建てるという抱負を明らかにした。師は，この考えを称賛し支持されただけでなく，提案された僧院に「カルマ・テグズム・デチェンリン」の名を授け，リンポチェの今後の善行動やカルマ・カギュ派の血脈を祝福された。現在，9名のスタッフと115名の僧侶が学んでいる。僧侶の多くは近隣の地域から集まっている。リンポチェは僧院の活動について，次のように述べている。「すべての人が悟りを開き，世界と一切衆生が平和になり，輪廻から浄土に転生しますように。」さらに，さまざまなソーシャルサービスを通じて慈悲を行動に移すことを目指し，8代目ズリ・リンポチェは2012年に「キラヤ財団」を設立した。この財団は，仏教の教義の提供，法要の実施，高齢者介護，慈善活動，社会問題に対する啓発活動，関心を持つ地域住民の能力開発など，近隣の地域住民のニーズに応じたさまざまなソーシャルサービスを提供することを目的としている。また，地域社会の活性化，ネットワーク，ソーシャルサービスの充実を通じて，平和と調

写真2-3　カルマ・テグズム・デチェンリン僧院

和を促進することも，財団の基本的な使命のひとつである。

## 5.2　構成および組織

　キラヤ財団は，ブータン東部に位置するカルマ・テグズム・デチェンリン僧院を拠点にソーシャルサービスの活動を展開している。現在，この組織は3人の人物によって運営されている。この組織は，僧院のトルルク・シグミ，ドランチェン（主事）のカルマ・プンチェ，ニェルパ（会計）のノルブが中心となって運営されている。他の僧院長や僧侶も財団の一員である。調理や掃除に関するサービスを提供するという点では，2人のスタッフが介護に専念している。必要なときには，中核委員会に全スタッフと僧侶を参加させる。全体の運営は3人で行っている。

## 5.3　ソーシャルサービス：高齢者のケアとサポート

　ブータンでは，高齢者の衣食住の支援や精神的な指導は，多くの仏教の寺院や施設で行われている一般的なソーシャルサービスのひとつである。ブータンでは，社会経済的な背景を問わず，多くの高齢者が自由な時間のほとんどを仏

教の寺院や施設の周辺で祈祷している姿が見られる。高齢者の中には，人生の晩年を寺院や施設でお祈りをしながら過ごすという選択をする人もいるほどである。そのため，シニア世代にとって，衣食住，健康管理，安全確保などのサポート体制は非常に重要である。8代目ズリ・リンポチェの構想により，キラヤ基金は 2013 年にカルマ・テグズム・デチェンリン僧院に老人ホームを設立した。現在，同寺には 40 人の高齢者がおり，支援を受けている。高齢者の年齢は 65 歳～92 歳である。キラヤ財団の委員のひとりは，「以前は，多くの高齢者が祈りをするために僧院を訪れたり，適当な住居や食事もないと，自費で修道院に住むこともありました。今はキラヤ財団の支援で，40 人の高齢者全員が住居や食事などの面倒を見てもらっています」と述べている。カルマ・テグズム・デチェンリン僧院の高齢者たちは，リンポチェから精神的な教えを受けている。彼らは阿弥陀仏への発心のために，それぞれ十万遍の阿弥陀仏の真言を唱えるよう勧められている。また，後日，バルドー（死と転生の中間状態）についての研修や講座もある。さらに，月 1 回の健康診断も実施し，健康管理も行っている。財団は毎月，保健所の職員を招き，僧院に住む高齢者の健康診

写真 2-4　ズリ・リンポチェと僧院の高齢者たち

断を行っている。また，2 人の女性スタッフが介助をしている。毎朝の運動も
推奨している。また，財団は受益者の親族や子どもたちと連絡を取り合ってい
る。高齢者が大病を患った場合，その子どもや親族に連絡し，必要なフォロー
アップを行っている。

## 5.4　その他のソーシャルサービス

キラヤ財団は，僧院での高齢者ケアやサポート以外にも，さまざまなソー
シャルサービスを実施している。キラヤ財団は，社会的に弱い立場にある家庭
の学齢期の子どもたちを支援している。例えば，ブータン東部のカルカンにあ
る「配慮が必要な子どもと青少年のためのドラクツォ職業訓練センター」と
「視覚障害者のためのムエンセリング施設」の生徒約 70 名に衣服と靴を寄贈し
ている。また，タシガン県カリンにあるジェレレミ小学校の生徒たちに，暖か
い衣類や寝具などの必需品を配布した。2015 年度には，モンガル病院とゲイ
レグフグ病院にそれぞれ 2 台の透析装置を寄贈した。2014 年には，重度の脳
卒中を患う 2 人の少女の医療費を支援している。彼女たちは，インドで適切な
治療を受け，回復している。また，社会経済的背景がきわめて困難な子どもた
ちの教育支援も行っている。現在，4 歳の男の子を養子として迎え入れ，年齢
が上がってからの正式な学校に通わせる準備をしている。

また，毎年，植樹（桜，楓，竹）を行い，地域の清掃活動や啓発活動を行うな
ど，環境保護にも力を入れている。また，一般市民を対象に宗教的な教えや講

写真 2-5　清掃活動をする僧侶たち

話を行い，パンデミックの際には薬師如来の儀式を行った。また，保健省が主
導する地域社会での健康意識向上キャンペーンにも参加している。財団の僧侶
たちは，モンガル病院の献血キャンペーンにも携わっている。最近では，地域
の希望者に無料で職業訓練（木彫り，大工，塗装）の技術を提供することも始め
ている。

## 5.5　ソーシャルワークの活動の提供理由

　仏教の修行僧として，他者に奉仕することは主要な目標である。慈悲の心は，
ただ思っているだけでなく，それを行動に移し，他者のためになるようにしな
ければならない。小さな行動は，大きな意思よりも大きな力を持つ。釈迦の教
えの本質は，他者を助け，善行を積むことである。そのため，ソーシャルサー
ビスを提供する最大の理由は，現実の世界で慈悲と寛容を実践することにあ
る。財団が提供するソーシャルサービスは，地域の人々，特に高齢者を支援し
たいという発心によって導かれていることが報告されている。キラヤ財団が提
供するソーシャルサービスの段階としては，財政，インフラ，人材に依存して
いる状況である。同財団には 40 人以上の高齢者を受け入れる余裕がないため，
現在は 40 人の高齢者を預かっている。そのため，高齢者を受け入れる際には，
社会経済的な背景や年齢など，ある程度のアセスメントを行う。現在のところ，
この財団はソーシャルサービスの他の機関とは正式なつながりはない。

写真 2-6　学校の子どもたちに衣服と毛布を配布するキラヤ財団

## 5.6 結 論

　カルマ・テグズム・デチェンリン僧院は，キラヤ財団を通じて，ソーシャルサービスの提供に取り組んでいる。財団は，ソーシャルサービスの活動を通じて，活気ある地域社会づくりに成功している。僧院と僧侶は，地域社会の平和と調和のシンボルとなっている。財団は，ソーシャルサービスの活動を通じて，地域社会，学校，病院などの人々とつながることができる。ソーシャルワークの本質は，一切衆生のために，愛，慈悲，寛容という仏教の価値観に導かれ，発心したものである。8代目ズリ・リンポチェの指導と支援のもと，財団はソーシャルワークのプログラムや活動を継続し，さらに充実させることを誓っている。

# 第6節　チョキギャッツォ研究所 (CGI) の仏教ソーシャルワーク

## 6.1　はじめに

　チョキギャッツォ研究所はシェドラ（僧院の大学）であり，140人以上の僧侶に仏教哲学の教育を提供している。サムドルップ・ジョンカール研究所 (SJI) は，2010年12月にデオタンのチョキギャッツォ研究所に設立された地域密着型の組織である。ゾンサール・キェンツェ・リンポチェによって設立された。研究所のビジョンは，「サムドラップ・ジョングカールにおいて，真の国民総幸福量に基づく開発と，その達成に必要な知識，原則，価値，実践を発展させ，ブータンやその他の国々のモデルとなる」ことである。その使命は，「自分たちの未来を自分たちの手で切り開く勇気と自主性と知慧を持ち，食料自給を達成し，地元の若者の社会参加の機会を増やし，真のGNHベースの教育システムを地元で構築する，豊かで弾力的で生態系に配慮した自立した地域社会を築くこと」である。

　組織の価値体系と使命感は，わが国の深遠な GNH (Gross National Happiness) 哲学によって導かれている。GNH は，コミュニティが責任を持って自分たちの幸福を向上させ，自分たちの足で自信を持って立ち，政府や外国の援助への依存を減らす，より大きな自立のための手段であると理解されてい

写真 2-7　チョキギャッツォ研究所

る。これは，国民総幸福量（GNH）の柱である「良い統治」の核心であり，さらに，市民が積極的にコミュニティに参加することにまだ慣れていないブータンの新しい民主主義の文化構築を促進するものでもある。SJI は，民主主義とは数年に一度の投票だけではない，というメッセージを発信している。SJI は，民間企業，宗教団体，政府機関，地域住民などがパートナーとなっている。

## 6.2　構造と組織

　従業員数は 8 名である。この中には，プログラムディレクター 1 名，プログラム担当 3 名，総務・経理担当 1 名，セールス＆マーケティングのスーパーバイザー 1 名，ドライバー 1 名，ゼロ・ウエスト・クラフトトレーナー 1 名が含まれている。

## 6.3　サービス

　サムドルップ・ジョングカール研究所は，以下のサービスを提供している。

## 6.4　GNH（国民総幸福量）モデル村であるメンチャリ

　メンチャリは，サムドラップ・ジョンカール地区のオロン・ゲヴォグにある
村である。村は道路に近いものの，その道路にアクセスできない。この地区で
最も人里離れた村のひとつである。2015年12月15日，夢のプロジェクトが
正式に始動した。このプロジェクトは，人々の健康（身体的，精神的，感情的，
霊的，社会的，生態的調和）を保証し，経済的，政治的に人々に力を与え，持続
可能で集団的な幸福を達成するため，自分たちの生活のために意識的な選択を
する力を与えるものである。基本的には，栄養と衛生，家族や共同体の調和，
分かち合いと愛情，効果的な関与，自立，地域の知識と技術の保存，満足感，
原因と結果，忠誠と信頼，相互扶助などの価値の習得に関するものである。

## 6.5　有機農業

　サムドラップ・ジョンカール研究所（SJI）は，地域の農業生物多様性を保全
し，地域の持続可能で安全な食料の成長，さらには地域経済や社会資本にとっ
て基本となる価値ある実践を記録し，普及させるために活動している。SJIは，
最良の有機農法を普及させ，その生産性と収益性を実証するために，インド最

写真 2-8　メンチャリの村人が陶芸の技術を保存するための訓練を受ける

写真 2-9　有機野菜を販売する農家

大の有機フェアトレードネットワークであるナブダーニャ，インドの有機農業
協会，ブータン農業省，ブータン王立大学天然資源学部，インドのバーリ農村
女性開発研究所などの地元や地域の機関と提携し，地元の能力を開発してい
る。これまで何百人もの地元農家の研修を行い，ベテランの農家や地元政府の
農業関係者を地域研修に派遣し，野菜団体を結成し，ビジネスやマーケティン
グに関する技術支援も行ってきた。また，地元の学校や僧院による商品の現地
調達も推進されている。また，種子バンクの設立による品種選定や保全へのコ
ミュニティ参加の促進，多様な有機菜園の創設と維持など，資源保護活動にも
力を入れている。

## 6.6　若者の参加
　自信と起業家精神を育む取り組みを紹介して支援することで，新しい世代が
労働に目的と尊厳を見出せるよう，若者へのトレーニングや現地での参加の機
会の提供に積極的に取り組んでいる。

写真 2-10　若者の参加

## 6.7　ゼロ・ウェイスト

　持続可能な実践を紹介し，意識を育てることで，廃棄物の管理に関連する行動を変えるために活動している。廃棄物を発生源から減らすことで，ゼロ・ウェイストの社会を目指す。国内有数のゼロ・ウェイストのモデル研究所である。組織は，これまでに，次のような活動を行ってきた。

❖ゼロ・ウェイスト・コミュニティを設立

❖廃棄物クラフトグループを結成

❖デワタンの店舗でプラスチックの使用を禁止

❖資源回収施設と廃棄物分別ステーションを建設・設置

❖ゼロ・ウェイストのマニュアル，指導書，ビデオを開発し，そのビデオは，
　地元，全国，そして国際的に利用されている

❖廃棄物の削減，再利用，リサイクルに関する魅力的な看板，プレゼンテー
　ション，ディスカッションを通じて，地域社会の意識を高めた

❖地域のゼロ・ウェイストのトレーナー7名を育成

❖「地域ごみ基金」を創設

❖ゼロ・ウェイスト委員会を通じて，コミュニティの能力，責任，オーナー
　シップを構築した

写真 2-11　ゼロ・ウェイスト・クラフトスキル

❖ ゴミ捨て場の清掃を行い，水源への漏出を防止

❖ ツェチュ（祭り），宗教儀式，その他のイベントにおける廃棄物の削減

　上記の活動はすべて，各機関のプログラム担当者や受益者が中心となり，関係当局やステークホルダーと連携して実施される。受益者と協議してプロジェクトを策定し，提案書を作成し，資金を申請して，プロジェクト活動を実施す

写真 2-12　　バナナの葉で食事する

る。サムドラップ・ジョンカールのコミュニティによって，受益者の問題やニーズが異なるため，活動の内容や種類，熱量も異なっている。活動は，サムドラップ・ジョンカールのみで行われる。ソーシャルワークの活動の提供は，政府の政策や援助機関の影響を受ける。この組織は，CSOA 法 2021 によって運営されている。しかし，市民社会組織と政府機関との連携はさらに必要である。

## 6.8　ソーシャルワークの活動の提供理由

　ソーシャルワークの活動を提供する根拠は，自分たちの未来を自分たちの手で切り開く勇気と自主性と知恵を持ち，豊かでたくましく，生態系に配慮した自立したコミュニティを築くこと，食糧自給を達成すること，地元の若者の参加の機会を増やすこと，そして地元で真の GNH に基づいた教育システムを構築することである。

## 6.9　結　　論

　SJI は，さまざまなプログラムやプロジェクトを通じて，多くの人々の生活に触れ，生活を向上させてきた。わかりやすい例は，夫に捨てられた 2 児のシングルマザーが，何の支援も受けられないという話である。現在は，SJI が養成したゼロ・ウェイストの工芸品作りで生計を立てている。ソーシャルワークを行うことの本質は，自分たちのコミュニティの福祉のために，ブータンの文化に深く根ざしているのである。この組織は，ゾンサール・ジャミャン・キェンツェ・リンポチェの揺るぎない，永続的な支援や指導，そして刺激を受けているのである。

**引用文献・参考文献一覧**

Baikady, R, Cheng, S., & Channaveer, R.（2016）. *Social Work Students' Field Work Experience in Bhutan: A Qualitative Study.*

Bhutan Centre for Media and Democracy.（2017）. *Celebrating civil society: The third sector outside the government, corporate, and private sectors.* BCMD.

Choden, T.（2003）. *Traditional forms of volunteerism in Bhutan.* The Centre for Bhutan Studies. Thimphu Bhutan.

Dorje, G.（2022）. *Zhung Dratshang: The central monk body of Bhutan.* http://drukjournal. bt/zhung-Dratshang-the-central-monk-body-of-Bhutan/（2023 年 3 月 10 日閲覧）

Dorji, C.（2008）. *Bhutanese health care reform: a paradigm shift in health care to increase Gross National Happiness.* Retrieved from http://www.lagunapublishing.co.jp/pdf/ Bhutanese_Health_Care_Reform.pdf（2023 年 3 月 10 日閲覧）

Dorji, J.（2005）. *Quality of education in Bhutan: The story of growth and change in the Bhutanese education system.* KMT Press.

Dukpa, Z.（2016）. The history and development of monastic education in Bhutan. In M. J. Schuelka & T.W. Maxwell（Eds.）, *Education in Bhutan: Culture, schooling and Gross National Happiness*（pp. 39-55）. Springer.

Dorji, L.（2017）. Emergence of civil society in Bhutan. *The Druk Journal, 5*（3）. Retrieved from http://www.drukjournal.bt/emergence of civil-society-in-Bhutan.

Dorji, R.（1990）. A brief historical background of the religious institutions of Bhutan. *A Journal of Nagarjuna Institute of Exact Methods, 3*（1）.

DuBois, B. L., & Miley, K. K.（2013）. *Social work: An empowering profession.* Pearson Higher Ed.

Dujardin, M.（2000）. *From Living to Propelling Monument: The Monastery-Fortress (dzong) as Vehicle of Cultural Transfer in Contemporary Bhutan.*

Galay, K.（2001）. *Bhutanese context of civil society.* Retrieved from http://www. bhutanstudies.org.bt/publicationFiles/JBS/JBS_Vol3No1/7.civil.pdf（2023 年 3 月 10 日閲覧）

Lees, E.（2011）. Intangible cultural heritage in a modernizing Bhutan: The question of remaining viable and dynamic. *International Journal of Cultural Property, 18*(2), 179-200.

Mafile'o, T., & Vakalahi, H. F. O.（2016）. Indigenous social work across borders: Expanding social work in the South Pacific. *International Social Work,* 0020872816641750.

Ministry of Education（2013）. *The centenarian: 100 years of educating the nation.* Ministry of Education.

Ministry of Education.（2014）. *Bhutan education blueprint 2014-2024: Rethinking education.* Ministry of Education.

Ministry of Education（2015）. *Annual education statistics.* Policy and Planning Division, Ministry of Education

National Statistics Bureau.（2017）. *Statistical yearbook of Bhutan.* Royal Government of Bhutan.

National Statistics Bureau. (2018). *Statistical yearbook of Bhutan - 2017.* Bhutan National Statistics Bureau.

Pelzang, R. (2010). Religious Practice of the Patients and Families during Illness and Hospitalization in Bhutan, *Journal of Bhutan Studies, 22,* 77-97.

Phuntsho, K. (2000). *On the two ways of learning in Bhutan.* Retrieved from https://www.repository.cam.ac.uk/bitstream/handle/1810/227004/JBS_02_02_04.pdf?sequence=2 (2023 年 3 月 10 日閲覧)

Phuntsho, K. (2017). *Yakchoe: The grand festival of Ura village.* Thimphu Bhutan

Planning Commission. (1999). *Bhutan 2020: A vision for peace, prosperity and happiness (Part 1).* Royal Government of Bhutan.

Royal Education Council. (2012). *National education framework: Shaping Bhutan's future.* Royal Education Council.

Royal Government of Bhutan. (2008). *The Constitution of the Kingdom of Bhutan.* Royal Government of Bhutan.

Rinchen, N. (2012). Reflections on the education journey. In MoE (Ed.), *The centenarian: 100 years of educating the nation* (pp. 7-13). Ministry of Education.

Royal Government of Bhutan. (2008). *Education for all: Mid-decade assessment for Bhutan.* Retrieved from http://planipolis.iiep.unesco.org/upload/Bhutan/Bhutan_EFA_MDA.pdf (2023 年 3 月 10 日閲覧)

Thinley, D. (2016). Forward. In M. J. Scheulka & T. W. Maxwell (Eds.), *Education in Bhutan: Culture, Schooling and Gross National Happiness* (pp. v-x). Springer.

Thinley, P. (2002). My tryst with education: A personal story. In MoE (Ed.), *The centenarian: 100 years of educating the nation.* Thimphu: Ministry of Education.

Wangchuck, J. K. N. (2009). *Address at the third convocation of the Royal University of Bhutan, Paro College of education, 17th February.* Retrieved from http://no.dou.bt/2009/02/17/convocation-royal-university-bhutan-2/

Wangyal, T. (2001). Ensuring Social Sustainability: Can Bhutan's Education System Ensure Intergenerational Transmission of Values. *Journal of Bhutan Studies, 3*(1). The Centre for Bhutan Studies.

Zangpo, J. (2002). The journey. In MoE (Ed.), *The centenarian: 100 years of educating the nation.* Thimphu: Ministry of Education.

# 執筆者と研究協力者の一覧

## ネパール

### テジュナ・ダンガル（研究協力）
歴史と文学を専門領域としながら仏教とその歴史に関する研究を進めている。

### ケシャブ・マン・シャキャ（研究協力・資料収集）
さまざまな社会活動を展開しながら，ルンビニ仏教大学の研究委員会委員を歴任。教育と環境を担当する各省役員や各委員会委員長を務めて，ルンビニ開発などに携わる。

### ラジェンドラ・マン・バイチャリャ（研究協力）
仏教と文化を中心としながら教育と研究のみならず関連する啓発活動も展開している。仏教に関するテレビ番組の数々を製作し，仏教思想等を紹介する書籍を数多く執筆。

### アチャリヤ・パサン・ワンディ・シェルパ（研究協力・調査地取材・資料収集）
僧侶として，教育や被災地支援など，多くの活動に携わる。

### アチャリヤ・ラマ・カルマ・サンボ（執筆・研究統括）
僧侶として，仏教の研究及び修行を高名なケンチェン・タング・リンポチェ師の下で1994年に始めた。仏教哲学を専攻し，2006年に修士号（アチャリヤ）を取得。2023年に淑徳大学の名誉博士号を取得。釈尊の生誕地であるルンビニを拠点とした国際組織であるLumbini Development Trust の副代表理事を長年務めた。災害時支援や無償教育などさまざまな活動を展開しながら，国際会議やシンポジウム等で発表および招待講演を数多く行うなど仏教と仏教哲学に関する教育と研究を続ける。

## ブータン

### チェリン・ドルジ
ブータン王立大学教育学部講師
大学での教育活動の傍ら，ソーシャルワーク修士号を取得しながら，学習支援の活動および児童福祉の研究に関わる。

### ヤンドン
ブータン王立大学教育学部講師
カナダで修士号を取得してからオーストラリアで博士号を取得した後，王立大学では英語の教育と指導を中心に活動中。

### デチェン・ドマ
ブータン王立大学大学院のカウンセリング・心理学のプログラムリーダーを務める。
オーストラリアで健康科学の修士号を取得したあと，淑徳大学で博士号（社会福祉学）を取得し仏教ソーシャルワークの研究に関わる。マインドフルネスに関連する活動やカウンセリングを中心に教育と研究を継続。

研究シリーズ　仏教ソーシャルワークの探求 No.9
ネパールとブータンにおける仏教とソーシャルワーク

2024年3月30日　第1版第1刷発行　　　　　　　　　　　　　（検印省略）

監修者　郷堀ヨゼフ

編著者　郷堀ヨゼフ
　　　　佐藤　成道

発行者　田中　千津子

発行所　株式 学 文 社
　　　　会社

〒153-0064　東京都目黒区下目黒3-6-1
電話　03（3715）1501 ㈹
FAX　03（3715）2012
https://www.gakubunsha.com

© 2024 Asian Research Institute for International Social Work, Shukutoku University
Printed in Japan　　　　　　　　　　　　　印刷　新灯印刷株式会社
乱丁・落丁の場合は本社にてお取替えします。

ISBN978-4-7620-3331-5

淑徳大学アジア国際社会福祉研究所　監修　郷堀 ヨゼフ

# 仏教ソーシャルワークの探求
## 研究シリーズ

A5判　上製